ICTを活用した
出版と図書館の未来

立命館大学文学部のアクティブラーニング

湯浅 俊彦 著

出版メディアパル

JN130473

まえがき
ICTを活用した出版と図書館の未来
―立命館大学文学部のアクティブラーニング

　本書は、「ICTを活用した出版と図書館の未来」をテーマにした大学のゼミ授業の成果を明らかにすると同時に、大学の授業そのものを変えようと取り組んできた1つの実践報告でもある。

　今日の大学にとって、学生の学習力の活性化は喫緊の課題となっている。とりわけ課題解決能力を重視する「学士力」の獲得については、これまでの大学教育の中で十分取り組まれてきたとは言い難く、近年、初年次教育、単位制度の実質化の取り組みとしての事前・事後学習の重要性が強調されているのも、このような文脈からである。しかし、大学における教育方法が従来のままである限り、この目標の達成は困難である。

　そこで筆者は「ゼミ授業の高度化」をテーマに2013年度から立命館大学の「教育の質向上予算」を獲得し、「デジタル環境下における出版ビジネスと図書館」をテーマに開講した「専門演習」（湯浅ゼミ）の受講生全員にiPadを配布、テキストと参考書を電子書籍化し、新しい授業スタイルを形作った。この取り組みは電子書籍の特性を活かし、さまざまな学習コンテンツへのアクセス可能性を最大限に発揮し、学生が使いこなすためのコースツールとしての電子書籍を学生に提供し、実際の授業での活用を通して、問題解決能力を備えた創造的人材の育成を目指すものである。

　すなわち教員の講義を傾聴する教育スタイルから脱却し、自ら課題を設定し、関連資料の収集と評価、そして分析を行い、ライティングやプレゼンテーション能力を発揮できる教育への改革を実践したのである。「教育の質向上」については、学生自身がゼミ授業において発表したテーマを深く探求し、3回生時に半年間かけて執筆した論文を市

販書籍として出版社から刊行することによって示し、就職活動でもその単行本刊行を求人先に積極的にアピールしてもらった。

以下は、そのラインアップである。

【2013年度】『デジタル環境下における出版ビジネスと図書館』
【2014年度】『電子出版と電子図書館の最前線を創り出す』
【2015年度】『デジタルが変える出版と図書館』
【2016年度】『大学生が考えたこれからの出版と図書館』

しかし、このような取り組みはゼミ授業という少人数だから可能なことであり、大教室での講義で実現するのは困難である。そこで、2017年度にはICTを活用するゼミ授業とは別に、文学部創設90周年を記念した立命館大学文学部・日本ペンクラブ連携授業「人文学特殊講義：作家・制作者と語る現代表現論」（履修登録学生：184名）を開講し、大教室でのアクティブラーニングの取り組みを行った。授業ゲストから自らの表現についてのさまざまな素材を提供していただき、学生が積極的にゲストとディスカッションを行い、最後にA4判1枚のレポートを書き、次の授業時に授業担当者である筆者がレポート講評を行ってから次のゲストが語るという方式で、90分授業を15回展開した。

その成果は本書第4章に詳しいが、受講していた留学生の次のようなアンケート回答を読めば、その雰囲気は伝わるだろう。

「ここまで参加度が高い授業は見たこともない。私は日本に留学生として来て、日本の学生はふだん何も考えていないと思っていた。しかし、この授業を通じて認識が変わった。すべての授業がこのような雰囲気だったら、本気で学校が楽しめる。」

ICTを活用した出版と図書館の未来というテーマ、そして大学授業を変革するという実践的活動に関心のある多くの方々に本書をお読みいただければ幸いである。

2018年2月

著者　湯浅　俊彦

目　次

◆ まえがき ………………………………………………………………………… 2

第1章　電子出版活用型図書館プロジェクト ……………………… 7
第 1 節　「電子出版活用型図書館プロジェクト」の概要と展望 ……… 8
第 2 節　「電子出版活用型プロジェクト」―社会に向けての発信― …… 20

第2章　大学生が考えるICTを活用した出版と図書館の再構築 ………… 33
研究論文 1　公共図書館の電子化がもたらす可能性 ―障害者サービスの観点から捉えた図書館の未来について
　　青木絢太郎ゼミ生の研究と評価 …………………………………… 34
研究論文 2　ディスカバリー・サービスの可能性 ―公共図書館への導入
　　糸魚川愛佳ゼミ生の研究と評価 …………………………………… 38
研究論文 3　図書館における利用案内のデジタル化
　　宇城知佳子ゼミ生の研究と評価 …………………………………… 42
研究論文 4　日本の公共図書館における利用者サービスの変化 ―「貸出型図書館」から「滞在型図書館」へ
　　岡田俊吾ゼミ生の研究と評価 ……………………………………… 46
研究論文 5　読書ツール、読書行為の変容 ―出版ビジネスの課題
　　押賀晴乃ゼミ生の研究と評価 ……………………………………… 50
研究論文 6　公共図書館における電子雑誌サービスの利用
　　川崎凌也ゼミ生の研究と評価 ……………………………………… 54

研究論文7　学校図書館における電子化の現状と可能性
　　　　　川原崎太貴ゼミ生の研究と評価・・・・・・・・・・・・・・・・・・・・・・・・・・・・・・・・　58
　　　研究論文8　公共図書館におけるデジタルアーカイブの可能性
　　　　　高八亜美ゼミ生の研究と評価・・・・・・・・・・・・・・・・・・・・・・・・・・・・・・・・・・　62
　　　研究論文9　滞在型図書館における利用者サービスの新展開
　　　　　中野菜々美ゼミ生の研究と評価・・・・・・・・・・・・・・・・・・・・・・・・・・・・・・・・　66
　　　研究論文10　図書館生存戦略 ―新技術で切り拓く図書館の未来
　　　　　藤原聖ゼミ生の研究と評価・・・・・・・・・・・・・・・・・・・・・・・・・・・・・・・・・・・・　70
　　　研究論文11　デジタル・ネットワーク社会における自費出版
　　　　　余田葵ゼミ生の研究と評価・・・・・・・・・・・・・・・・・・・・・・・・・・・・・・・・・・・・　74

第3章　フィールドワーク ―電子出版・電子図書館を探求する―　… 79
　　　訪問記　青山学院大学・野末俊比古ゼミ ・・・・・・・・・・・・・・・・・・・・・・・・・・・　80
　　　訪問記　河出書房新社・本社 ・・・・・・・・・・・・・・・・・・・・・・・・・・・・・・・・・・・・・　82
　　　訪問記　メディアドゥホールディングス・東京本社 ・・・・・・・・・・・・・・・・・　84
　　　訪問記　国立国会図書館・東京本館 ・・・・・・・・・・・・・・・・・・・・・・・・・・・・・・・　86

第4章　立命館大学文学部の授業実践事例 ・・・・・・・・・・・・・・・・・・・・・・・・・　89
　　　第1節　日本ペンクラブ・立命館大学文学部連携授業の報告 ・・・・・・　90
　　　第2節　大学生は作家・制作者から何を学んだのか ・・・・・・・・・・・・・・・　98

◆ あとがき ・・　107
◆ 索　引 ・・・　108

本書の発行に当たって

　本書は、立命館大学文学部「専門演習」（湯浅ゼミ）と文学部「人文学特殊講義：作家・制作者と語る現代表現論」の記録であると同時に、授業実践で得られた知見を公開するものである。
　なお、本書の電子書籍版については、公共図書館・大学向け電子図書館（大日本印刷／電子図書館グループ）及び学術・研究機関向け電子書籍（丸善／学術情報ソリューション事業部）として電子配信される予定である。
　お世話になった人々への感謝を込めて……。

2018年2月

著者　湯浅　俊彦

第1章

電子出版活用型図書館プロジェクト

本章の内容

　「ICTを活用した出版と図書館の未来」をテーマに開講した立命館大学文学部「専門演習」（湯浅ゼミ）は、大学院の「電子出版活用型図書館プロジェクト」（研究代表者：湯浅俊彦）の研究手法をゼミ生に公開し、ゼミ生がそれぞれのテーマを実践的に探求することを目標としている。大学院での研究成果から学部のゼミ生が直接学ぶことによって、自らのテーマに関する最前線を創り出すことができると考えているのである。この章では、このプロジェクトが取り組んでいる障害者サービス、多文化サービス、ディスカバリー・サービスを中心にその概要と得られた知見を報告する。

第 1 節
「電子出版活用型図書館プロジェクト」の概要と展望

1. 電子出版活用型図書館プロジェクトの概要

　立命館大学大学院文学研究科・行動文化情報学専攻・文化情報学専修では、人文学に情報技術を取り入れたデジタル・ヒューマニティーズ手法を応用し、歴史都市や文化財・文化遺産、出版メディアなどを対象にしたデジタルアーカイブを文化情報資源と位置づけることで生まれるさまざまな可能性について、国境や時代という境界を越えた視点で研究を進めてきた。

　この研究方針のもとに「日本文化デジタル・ヒューマニティーズ拠点　研究拠点形成支援プログラム」が設定され、2016年度、2017年度と「電子出版活用型図書館プロジェクト」(研究代表者：湯浅俊彦) がプロジェクト研究として採択され、電子出版を活用した新たな図書館モデルを構築することを目的として研究を行っている。これは従来の図書館サービスを、ICTを活用することによって高度化し、図書館利用者の立場を重視した具体的なサービスの実用化に向けた「課題解決型リサーチ」を行うものである。

　本章では、公共図書館における電子出版を活用した事例研究について報告する。これは2018年1月10日に開催した立命館大学大学院文学研究科「文化情報学専修」公開セミナー「電子出版活用型図書館の現在」での成果発表をもとに、その後の活動も含めて紹介するものである。

　なお、1月10日のセミナーでは、公共図書館における電子出版を活用した障害者サービス、多文化サービス、児童サービス、ディスカバリー・サービス、そして学校図書館における電子出版を活用したアクティブラーニングという5つの観点からの事例研究の成果発表を、研究代表者の筆者と郭昊院生、向井惇

子院生が行った。

　そして、共同研究者の植村要氏（図書館総合研究所・特別顧問）による講演「障害者サービスとしての電子図書館の布置」を受け、音声読み上げ機能による電子書籍を活用した視覚障害者サービスの開発の経緯やその後の展開について、共同研究者をパネリストに、筆者の司会でディスカッションを行った。

　パネリストは、植村要氏のほかに同じく共同研究者の松原洋子氏（立命館大学・人間科学研究所所長・先端総合学術研究科・教授）、盛田宏久氏（大日本印刷株式会社 honto ビジネス本部・部長）、矢口勝彦氏（図書館流通センター・電子図書館推進担当部長）の方々である（**写真 1-1**）。

　ここで明らかになったことは、利用者のニーズを捉えた公共図書館におけるICT を活用した図書館サービスを定着させるためには、まず成功した導入事例を提示し、それを拡げていく活動を続けていくことが重要であるという点であった。最初から完成した電子図書館システムが存在するわけではなく、利用者の視点から新たなサービスを作り上げていくベンダーとの共同作業が、今の公共図書館に必要であるということである。

写真1-1
立命館大学大学院文学研究科「文化情報学専修」公開セミナー「電子出版活用型図書館の現在」
2018年1月10日、立命館大学衣笠キャンパス
（左から植村要氏、筆者、松原洋子氏、盛田宏久氏、矢口勝彦氏）

2. 障害者サービス

　2016年4月施行の「障害者差別解消法」に向けて、電子書籍の音声読み上げ機能による視覚障害者の読書アクセシビリティを保障するための実証実験を経て、立命館大学、大日本印刷、図書館流通センター、日本ユニシス、ボイジャーによる「音声読み上げ機能を活用した公共図書館における電子書籍貸出サービス」が2016年4月、兵庫県 三田市立図書館において実現した（**写真1-2、写真1-3、写真1-4**）。

　図書館流通センターの電子図書館システム「TRC-DL」導入館のうち、2018年2月16日現在、34自治体102館の図書館に「視覚障がい者向け利用支援サイト」が開設され、通常の電子図書館のように本の表紙（書影）のアイコンをクリックするのではなく、PC-Talkerなどのスクリーンリーダー（音声読み

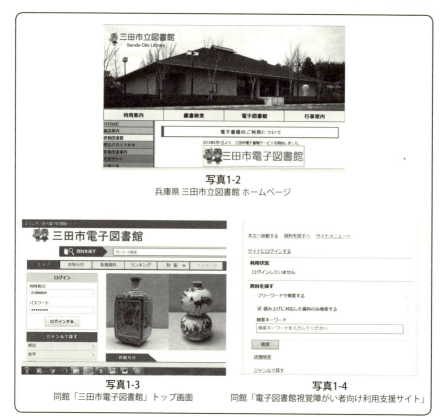

写真1-2
兵庫県 三田市立図書館 ホームページ

写真1-3
同館「三田市電子図書館」トップ画面

写真1-4
同館「電子図書館視覚障がい者向け利用支援サイト」

上げ機能）を用い、パソコンのキーボードの Tab キーだけで読みたい本が探せるようになっている。導入館一覧は**表 1-1** のとおりである[注1]。

　例えば、兵庫県明石市に 2017 年 1 月 27 日にリニューアルオープンした「あかし市民図書館」では「電子閲覧室」を設け、「日経テレコン」「ナクソス・ミュージック・ライブラリー」（NML）、「ポプラディアネット」などのデータベース、TRC-ADEAC などのデジタルアーカイブとともに、電子書籍貸出サービスである「TRC-DL」が利用できるようになった。そして、この TRC-DL に「視覚障がい者支援サイト」が提供されたのである（**写真 1-5**、**写真 1-6**、**写真 1-7**）。

　もちろん、電子図書館システムの特性から、視覚障害等を有する利用者は図書館に来ることなくインターネットで電子図書館サイトにアクセスすれば自宅でも利用できる。さらに、JR と山陽電車の明石駅前にある、あかし市民図書館に「電子閲覧室」が設けられたことによって、多くの図書館利用者がデータベースや電子書籍を身近に感じることができるようになった。非来館型サービスとしての電子図書館、滞在型図書館としての「リアル図書館」を使い分ける利用者が今後増えていく可能性がある。

表1-1　「視覚障がい者向け利用支援サイト」導入館

三田市立図書館（兵庫県）	高根沢町立図書館（栃木県）
赤穂市立図書館（兵庫県）	播磨町立図書館（兵庫県）
豊川市図書館（愛知県）	札幌市図書館（北海道）
おおぶ文化交流の杜図書館（愛知県）	高石市立図書館（大阪府）
堺市立図書館（大阪府）	一宮市立図書館（愛知県）
明石市立図書館（兵庫県）	北見市立図書館（北海道）
萩市立萩図書館（山口県）	斑鳩町立図書館（奈良県）
宮代町立図書館（埼玉県）	日光市立図書館（栃木県）
今治市立図書館（愛媛県）	八代市立図書館（熊本県）
東広島市立図書館（広島県）	安城市図書情報館（愛知県）
東根市図書館（山形県）	広陵町立図書館（奈良県）
大和市立図書館（神奈川県）	高知県立図書館（高知県）
志摩市立図書館（三重県）	苫小牧市立図書館（北海道）

（注 1）　図書館流通センター「視覚障がい者利用支援サイト（テキスト版サイト）公開館」
　2017 年 11 月 17 日時点。2018 年 2 月 16 日現在は 34 自治体 102 館。

つまり「紙 vs 電子」ではなく、「紙も電子も」追求するハイブリッド型図書館像が提示され、利用者はそれをうまく使い分けているのである。

障害者差別解消法が 2016 年 4 月に施行される直前の 3 月、日本図書館協会は、「図書館における障害を理由とする差別の解消の推進に関するガイドライン」を発表し、「電子書籍」について次のように記述している（http://www.jla.or.jp/portals/0/html/lsh/sabekai_guideline.html）。

　障害のある利用者に対し、一般資料や障害者サービス用資料を以下の方法で提供する。
　なお、多くの障害者は来館そのものが困難な場合が多いので、提供方法

写真1-5
あかし市民図書館「電子閲覧室」

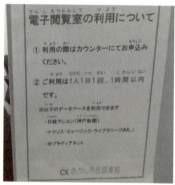
写真1-6
同館「電子閲覧室の利用について」

写真1-7
「明石市電子図書館　視覚障がい者向け利用支援サイト」

第 1 節　「電子出版活用型図書館プロジェクト」の概要と展望

を工夫する。
　① 閲覧：読書支援機器、障害者サービス用資料、その他合理的配慮の提供
　② 対面朗読（対面読書）：印刷物を利用するのが困難な人が対象
　③ 一般図書・視聴覚資料の郵送貸出：来館が困難な人が対象
　④ 点字・録音資料の郵送貸出：視覚障害者には無料の郵送が可能
　⑤ 職員による宅配サービス：来館が困難な人が対象（主に市町村立図書館）
　⑥ アクセシブルな電子書籍の配信サービス（注）

　〈注〉多くの障害者や高齢者も使える電子書籍のこと。残念ながら現状ではアクセシブルなものがほとんどないが、改良を進めているベンダーもある。アクセシブルな電子書籍の配信は自宅でそのまま利用できるため、障害者にとって大きな可能性を持っている。

　しかし、日本の公共図書館では電子書籍の導入については検討課題となったまま、一日でも早い利用を望む視覚障害等による読書困難者に対して、アクセシブルな電子書籍を提供できない状況である。
　兵庫県 三田市立図書館で始まり、少しずつ広がりを見せつつある音声読み上げ機能付きの電子書籍による読書アクセシビリティの保障について、それに対応した出版コンテンツ数を増やしていくために、多くの公共図書館から出版界に働きかけていくことが喫緊の課題なのである。

3．多文化サービス

　障害者サービスと同様に、電子書籍は公共図書館における多文化サービスでも有効であると考えられる。多文化サービスとは、日本語を母語としない外国人を対象に、その知る自由、読む権利、学ぶ権利を、資料・情報の提供によって保障していくための図書館活動である。
　筆者は2015年、米国を中心に世界的な公共図書館向け電子図書館サービスを行う"Rakuten OverDrive"の日本での提携先であるメディアドゥに対して、「多文化サービス」の実証実験を日本国内で行うことを提案した。これは、日本国内の公共図書館、大学図書館、学校図書館、企業等を対象に"OverDrive"が提供可能な多言語電子書籍（2018年2月現在、100カ国語以上）を活用するものである。"OverDrive"は2015年、楽天の子会社となり、その楽天は2017年11月1日、静岡県浜松市と電子図書による多文化サービス等の充実を目指す協定を結んだ。そして、日本国内初の電子書籍を活用した公共図書館におけ

■ 第 1 章　電子出版活用型図書館プロジェクト

写真1-8
「図書館総合展2017 メディアドゥ主催フォーラム 電子図書館を活用した多文化サービス」筆者の発表（2017年11月8日、パシフィコ横浜）

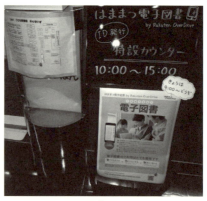

写真1-9
静岡県 浜松市立中央図書館「はままつ電子図書」ID 発行特設カウンター

る多文化サービスの共同開発が 2018 年 2 月から開始されることとなった。

　2017 年 10 月 16 日、浜松市立中央図書館において、浜松市立図書館、楽天、メディアドゥ、立命館大学「電子出版活用型図書館プロジェクト」メンバーが会合を行い、11 月 8 日にパシフィコ横浜で開催される「図書館総合展 2017」のメディアドゥ主催フォーラムにおいて、その共同開発の詳細を発表することを決定した。

　2017 年 11 月 8 日、「図書館総合展 2017　メディアドゥ主催フォーラム 電子図書館を活用した多文化サービス」では田島由美子氏（楽天 OverDrive 事業日本代表）、鈴木正仁氏（浜松市立中央図書館・館長）、筆者の 3 名が登壇し、これからの取り組みについて発表を行った（**写真 1-8**）[注2]。そして、2018 年 2 月 10 日から浜松市が目指す多文化共生都市推進のために、外国語図書が豊富な "Rakuten OverDrive" の「電子図書貸し出しサービス（試行）」がスタートし、パソコン、タブレット端末、スマートフォンでの電子書籍が浜松市立図書館で提供されることになった（**写真 1-9**）。

（注2）このフォーラムについては動画が公開されている。「メディアドゥフォーラム ―電子図書館を活用した多文化サービス」（図書館総合展 2017）
　https://www.youtube.com/watch?v=6AcBT9JhySw （参照：2018 年 2 月 12 日）

第 1 節 「電子出版活用型図書館プロジェクト」の概要と展望

写真1-10

写真1-11

写真1-12

公開講座「電子図書を『借りる』―スマホ・タブレットを使って、浜松市の新サービスを利用してみよう」
（2018年2月10日、浜松市南部協働センター）

　初日の2月10日には、「平成29年度文化庁委託事業 BAYANIHAN ―みんなで地域をつくっていこう」の公開講座「電子図書を『借りる』―スマホ・タブレットを使って、浜松市の新サービスを利用してみよう」（主催：NPO法人フィリピノナガイサ、協力：浜松市立中央図書館）が浜松市南部協働センターで開催され、集まったフィリピン人の親子49名で会議室は定員いっぱいの大盛況となった（**写真1-10**、**写真1-11**、**写真1-12**）。

　第1部では、参加者は浜松市立図書館の図書カードを参加者持参の在留カードをはじめとする身分証明書をもとにその場で作り、電子図書用のIDとパスワードを取得。第2部では、中学生以上の子どもたちと大人はタガログ語のできるメディアドゥのスタッフから説明を受け、実際にタブレットとスマートフォンを使って電子図書を体験し、小学生以下の子どもたちは浜松市立

15

第1章　電子出版活用型図書館プロジェクト

南図書館の利用方法を学び、英語と日本語による「多言語読み聞かせ会」に参加した。

　参加者の感想は、以下のとおりである(注3)。

〈電子図書サービスについての参加者の感想〉
- 本の借り方がわかって、勉強になりました。ありがとうございました。
- 今日の講座は本が好きな人たちにとって、すごく大切です。
- 図書館カードを作ってくれたこと、電子図書の借り方も教えてくれたこと、ありがとうございました。
- 今日の講座は、とても便利だと思います。
- 本がすごく好きなので、電子図書の借り方を教えてくれてありがとうございました。
- 図書館の新しいサービスについて聞かせてくれて、ありがとうございました。今日は講義だけではなく、その場で本を借りることができてよかったです。
- 図書館カードを作ってもらって、うれしいです。スマホを使って本を借りられるという話は勉強になりました。
- ネットで調べて、好きな本が借りられるのは便利だと思いました。
- 電子図書館の説明はわかりやすかったです。ありがとうございました。これから利用していきたいと思います。
- スマホで本を借りられるのは、すごく便利です。英語の本がもっと増えたらいいな。
- 今日説明してくれたことは、初めて知りました。良かったです。
- 今回の講座は役立ちます。特に本を読みたいとき、便利に借りられるから。
- 説明はとてもわかりやすくて良いと思いました。画像を見て面白いと思いました。本をインターネットで借りれるなんてすごいと思いました。まだ新しいから、もっとたくさんの本を借りて読みたいです。東京から浜松まで来てくれて、ありがとうございました。
- 講座が良かったです。スタッフもやさしかったです。

(注3)　NPO法人フィリピノナガイサ「報告　電子図書を『借りる』」
　　　http://filipinonagkaisa.org/（引用日：2018-02-12）

- 電子サービスで、スマホを使って本を借りるというのは、すぐに使えて便利です。浜松市立中央図書館のみなさん、ありがとうございました。
- 難しいけど、楽しかった。

〈読み聞かせの参加者〉
- 今日は楽しかったです。
- 「いちご」という本は楽しかったです。
- 漢字と英語があって、漢字が難しかったです。
- I Love Book.
- I love books. Thank you and happy valentine.

— special thanks to（敬称略）—
浜松市立中央図書館
浜松市立南図書館
株式会社メディアドゥ
楽天株式会社
立命館大学大学院　文学研究科

　ちょうど音声読み上げ機能を持つ電子書籍を活用した視覚障害者向けサービスが兵庫県 三田市立図書館から始まり、現在全国に広がりつつあるように、静岡県 浜松市立図書館で開始された電子書籍を活用した多文化サービスは、今後多くの定住外国人に活用され、日本における多文化共生社会を形成していく原動力となるだろう。
　今後、立命館大学「電子出版活用型図書館プロジェクト」としては、定住外国人が多い自治体に向けて、電子図書館サービスの導入を働きかける取り組みを行っていく予定である。

4. ディスカバリー・サービス

　これまで大学図書館にしか導入されていなかったディスカバリー・サービスの、公共図書館向けのトライアルが、EBSCO、図書館流通センター、立命館大学「電子出版活用型図書館プロジェクト」によって 2017 年 6 月から始まり、2017 年 10 月現在、参加館が 11 館となった。

第1章 電子出版活用型図書館プロジェクト

　経緯としては、まず 2017 年 6 月 1 日に、「立命館大学大学院文学研究科 文化情報学専修 公開セミナー ディスカバリー・サービスが変える公共図書館—いよいよ始まるトライアル」を開催した（**写真 1-13**）。

　そのトライアル結果をもとに 2017 年 10 月 19 日「立命館大学大学院文学研究科 文化情報学専修 公開セミナー ディスカバリー・サービス公共図書館版—トライアル中間報告会」を開催し、京都府立図書館、大阪市立中央図書館からの事例発表が行われたのである（**写真 1-14**）。

　そして 2018 年 3 月 6 日に、「立命館大学大学院文学研究科 文化情報学専修 公開セミナー　日本初・公共図書館におけるディスカバリー・サービスのトライアル最終報告会」が立命館大阪梅田キャンパスで開催される予定である。トライアル終了後は実際に契約ベースで導入する公共図書館が増えていくと考えられる。すでに主要な大学図書館においては適合文献の探索に大きな効果を発揮しているディスカバリー・サービスが公共図書館に導入されることによって、これからのレファレンスサービスも大きく変化していくだろう。少なくとも、複数のデータベース、そして電子書籍を導入している図書館にとって、本文のキーワードから統合的に検索できるディスカバリー・サービスはきわめて重要な役割を担うことになることは明らかである。ディスカバリー・サービスは、「電子出版活用型図

写真1-13

写真1-14

「公開セミナー　ディスカバリー・サービスが変える公共図書館—いよいよ始まるトライアル」（立命館大学大学院文学研究科文化情報学専修主催、立命館大阪梅田キャンパス）並びに「公開セミナー　ディスカバリー・サービス公共図書館版 —トライアル中間報告会」（立命館大学大学院文学研究科文化情報学専修主催、立命館大阪梅田キャンパス）

書館プロジェクト」でも大きな位置を占める研究課題である。ほかにも、デジタル絵本を活用した児童サービスや学校図書館における電子書籍導入など、取り組んでいるプロジェクトがあるが、ここでは紙幅の都合で「障害者サービス」「多文化サービス」「ディスカバリー・サービス」を中心にその成果を報告した。

最後に、「電子図書館サミット」について述べて本節を終えることとする。

2016年12月に開催した「第1回電子図書館サミット in 大阪」(会場:図書館流通センター関西支社)は、2017年12月14日に「第2回電子図書館サミット in 東京」(会場:図書館流通センター本社)として継続開催された(**写真1-15**、**写真1-16**)。筆者はディスカッションのコーディネーターを担当した。

これは、図書館流通センター主催となっているが、電子図書館システムを導入している公共図書館であれば、自治体直営の図書館も参加しているため、今後の役割が期待される。ICTを活用し、利用者サービス高度化の最前線を創り出している公共図書館が集まり、それぞれの経験と課題を具体的事例にもとづいてディスカッションすることによって、利用者のための公共図書館を構築していくことになるからである。

具体的なプロジェクトを進めながら深く考察していくことが、これからの図書館像を形づくっていくことにつながるであろう。

写真1-15

写真1-16

「第2回電子図書館サミット2017 in 東京」(主催:図書館流通センター、会場:図書館流通センター本社)

第 2 節
「電子出版活用型プロジェクト」
―社会に向けての発信―

1. はじめに

　ここでは、「電子出版活用型プロジェクト」が社会に向けてどのような発信を行ってきたのかを、2017年度を中心に見ていくことにしよう。すでに第1節で述べた「立命館大学大学院文学研究科 文化情報学専修 公開セミナー」を4回開催した以外にも、図書館界最大の催しである「図書館総合展」、そして「関西教育ICT展」などで電子出版を活用した図書館の可能性を紹介してきた。

2. 図書館総合展「TRCセミナー」

　2017年11月7日（火）15:40～16:50、パシフィコ横浜 アネックスホールにおいて、図書館流通センターが主催する「まちの課題を解決する図書館 岐路に立つ図書館～3つの視点から進化の方向を探る」が開催された（**写真2-1**、**写真2-2**）。

　主催者側の図書館流通センターは次のようにその開催趣旨を述べている。

　　「地方創生」等の流れの中で、図書館にスポットの当たる機会が増えてきました。それとともに、図書館に求められるものも、より多様かつ高度なものとなりつつあります。そうした社会からの要請や期待に応えながら、図書館が新たな進化を遂げていくには何が必要でしょうか。今回のフォーラムでは、脳科学、行政学、情報学の3つの視点から、これからの図書館の「中身」のあり方を中心に、進化の方向を探ります。

　つまり、図書館内部からの発想だけではなく、さまざまな視点から図書館に何ができるかを考えようというフォーラムであり、そのための講演を3本行

うというものであった。

　まず、茂木健一郎氏が脳科学者の立場からの講演「今、ここからすべての場所へ —図書館のクオリア」を行い、次に行政学の宮脇淳氏（北海道大学大学院法学研究科教授）による講演「図書館と自治体政策の再生」と続き、最後に筆者が文化情報学の観点から「図書館という『メディア』の可能性」と題して講演を行った。

　筆者の講演内容は、以下のとおりである。

「図書館という『メディア』の可能性」（講演内容要旨）
1.　文化情報学の観点から見た図書館の変化
1.1　文化情報学から見た今日の出版 —出版の領域を超える

　電子出版をこれまでの出版学の延長線上に考えるのではなく、文字、静止画、動画、音声などさまざまなコンテンツがデジタル化される時代における、いわば「デジタル・コンテンツ」の生産、流通、利用、保存を研究する学問領域として、新聞、出版、映画、放送などのメディア間の融合を視野に入れて調査・研究を行うこと。

1.2　文化情報学から見た今日の図書館 —図書館の領域を超える

　図書館を相対化し、MALUI 連携、すなわち M = Museum（博物館・美術館）、A = Archives（文書館・資料館）、L = Library（図書館）といった社会教育施設だけでなく、知識情報基盤としての U = University（大学）、I = Industry（産業・

写真2-1

写真2-2

2017年11月7日、図書館総合展「TRCセミナー」（パシフィコ横浜 アネックスホール）
「まちの課題を解決する図書館　岐路に立つ図書館〜3つの視点から進化の方向を探る」

企業）におけるデジタルアーカイブをどのように構築し、連携し、利活用していくかを軸に考えること。

2. 電子出版を活用した新たな図書館サービスの実践事例
2.1 障害者サービス —音声読み上げを活用した電子書籍サービス
- 音声読み上げ機能を活用した公共図書館における電子書籍貸し出しサービス。
- 2016年4月に施行された「障害者差別解消法」によって保障された、視覚障害等を有する図書館利用者の読書アクセシビリティの確保を目指す取り組みが図書館の障害者サービスにとって喫緊の課題。
- すでに立命館大学、大日本印刷、図書館流通センター、日本ユニシスによる共同研究「音声読み上げ機能を活用した公共図書館における電子書籍貸出サービス」が兵庫県 三田市立図書館において2016年4月に実現、引き続き、タブレットやスマートフォン向けに研究開発。
- これをさらに発展させて、全国の大学図書館、公共図書館等における音声読み上げ機能が標準装備された電子書籍サービスの導入に向けた研究を行う。
- 公共図書館について、兵庫県 三田市立図書館において日本の公共図書館初の音声読み上げ機能を活用した電子書籍の貸出サービスを提供→対面朗読、録音図書、大活字本、DAISY図書では不十分なので電子書籍が必要。
- その後、明石市立図書館、堺市立図書館などTRC-DL導入館が次々と「視覚障害者向け利用支援サイト」を提供、今後さらに拡大を目指している。

2.2 多文化サービス —多言語対応と自動翻訳機能
(1) 図書館における多文化サービス
- 地域の情報拠点としての公共図書館は地域住民にとって重要なアクセスポイント。
- 紙媒体だけでなく、オンライン資料やネットワーク系情報資源を利用者に提供することは、デジタル・ネットワーク社会においては必須である。
- 「障害者サービス」とは、利用者ではなく、図書館の側に「障害」がある、という発想の転換が必要。このことは例えば「多文化サービス」などにも電子資料活用の可能性があることを意味する。

(2) 多文化サービスの可能性
- 多文化サービスとは、日本語を母語としない外国人を対象に、その知る自由、読む権利、学ぶ権利を資料・情報の提供によって保障していくための図書館活動。
- 日本の図書館における多文化サービスは決して積極的に行われているとはいえない現状。
- そこで、電子出版を活用した新しい多文化サービスの可能性を探求する。
- 2012年12月18日より立命館大学図書館では「PressReader」という名称で、電子モニターによって100カ国、60言語、2200タイトルの海外新聞が利用者に提供されている。それらは自動翻訳機能によってその場で各国語に機械翻訳され、最新のニュースを読むことができるが、公共図書館で導入しているところは1カ所もない。

(3) ICTを活用した多文化サービスの可能性
- このように電子書籍を提供することや電子資料を自動翻訳機能によって読むことを、あるいは今後、海外図書館のデジタル化された所蔵資料を国内の図書館で閲覧できるようにすることなど、ICTを活用した図書館における新たな多文化サービスの可能性を実証実験により探求。

2.3 児童サービス
(1) 電子絵本制作のワークショップ
- 会場：大阪府立中央図書館。日時：2017年3月24日／対象：電子絵本の制作に興味のある方／参加条件：下記のすべての条件に該当する方（1. スマートフォン及びタブレット端末（iOS、Android可）、ノートパソコン（Windwosのみ）のいずれかを持参できる方、2. 事前に、持参いただく「1」の電子機器に「Book Creator」アプリをインストールして持参できる方（http://bookcreator.com）、3. 電子絵本で使用するための本文（オリジナルの物語、体験談、昔話など。単語のみでも可）、その内容に合った写真やイラストデータを準備し、最低8ページ分持参できる方）
- 講師：池下花恵氏（相模女子大学学芸学部メディア情報学科）
- 主催：相模女子大学学芸学部メディア情報学科、大阪府立中央図書館→午前10時から12時まで制作後、午後2時から「でんしえほんのおはなし

会」(こども資料室おはなしのへや)
- 立命館大学湯浅ゼミ生と相模女子大学池下ゼミ生による電子絵本の読み聞かせを実施

(2) 電子絵本制作のワークショップ
- DNP×大阪市立図書館
- ナレッジキャピタル・ワークショップフェス「ピッケのつくるえほん～世界で1冊のオリジナルえほんを作ろう!!」
- 対象:小学生／講師:朝倉民枝氏(株式会社グッド・グリーフ 代表取締役社長)、大日本印刷スタッフ／主催:大日本印刷・大阪市立図書館／日時:2017年7月29日13時～15時／会場:グランフロント大阪

3. ディスカバリー・サービス

3.1 ウェブスケール・ディスカバリー・サービスの進展
- 「ICBM」をGoogleブックスで検索→199,000件ヒット
- 全文検索機能によりeBookヒット
- 「ICBM」を立命館大学OPACで検索→4件ヒット
- 書誌詳細から内容を類推する
- 「ICBM」を立命館大学ディスカバリーで検索→321,086件ヒット
- 「フルテキストあり」で絞り込む→99,126件ヒット
- 全資料を日本語で絞り込む→1,854件ヒット
- トップにJapanKnowledgeの「ICBM」が表示される
- 「書籍」で絞り込む→70件ヒット
- 関連度の高いページを見る
- 『歴史の中の国際政治』(有斐閣、2009)
- 関連度の高いページを見る(本文中からICBMがハイライト表示される)
- 「アイゼンハワー大統領は、豊富な核戦力に依存する大量報復戦略を策定し、通常兵力の削減を通じた国防予算の圧縮を行い、それを四〇〇億ドル前後にまで削減した。第三世界における中央情報局(CIA)の多用は、この戦略の一環である。だが、この核兵器依存と軍事費節減の方針に、国内ではアメリカの安全保障を損なうという批判が起こった。一九五七年にソ連がアメリカに先行して大陸間弾道弾(ICBM)の開発と人工衛星スプー

トニクの打ち上げに相次いで成功した事態は、これらの批判の正しさを立証したかに見え、ソ連がミサイル戦力の分野でアメリカに対し優位に立っているのではないかというミサイル・ギャップ論を生んだ。超党派の有識者から成るゲイサー委員会はＮＳＣ五七二四（一九五七年十一月）で、対ソ軍事優位を維持するために大幅な軍事予算の増額、核・通常戦力の強化を提案し、政府の国防方針を事実上否定したのである。…」

- 「定期刊行物」を見る→「新型ミサイル発射　止まらぬ北朝鮮　中国に冷や水」（『日経ビジネス』2017年5月21日号）がヒット
- 公共図書館のレファレンスサービスでよく使うツールは？（順不同）→ 1. 自館の OPAC ／ 2. 参考図書／ 3.NDL-OPAC ／ 4. 雑誌記事索引／ 5. カーリル／ 6. Google ／ 7. ジャパンナレッジ／ 8. 聞蔵・ヨミダス／ 9. 日経テレコン／ 10. NICHIGAI Web ／ 11. ポプラディアネット／ 12. その他

3.2　HRAF、電子図書館 Ariadne、Google ブックス、「長尾構想」
- ビデオ「電子図書館 Ariadne」（1994 年）
- 1990 年、電子図書館研究会
- 報告書だけでは不十分とプロトタイプのシステムを作った
- ハイパーテキスト検索
- 長尾真著『人工知能と人間』（岩波新書）→『岩波情報科学辞典』→原田勝ほか著『研究情報ネットワーク論』→原田勝著『図書館/情報ネットワーク論』→著者「原田勝」氏について調べる
- 一次情報だけでなく二次情報までデジタル化
- 「現段階では収蔵は多くないが、小説や画集などこれから増えていくでしょう」→増えなかった！　なぜか？
- 1994 年における長尾氏の予測
①図書館員は本を格納したり取り出すことよりも相談業務。②出版社は企画。③著者はネットワークで直接読者に届けることも可能に。④利用者はネットワークで自分の読みたい情報を探す。⑤一方、課題は著作権（無断コピー、真正性）と課金（図書館の無料原則との関係）。

4. 利用者の情報行動の変化とこれからの図書館 「3つのキーワード」
(1) 検索の時代
　「まずインターネットで検索」という情報探索行動が一般化
　例：2012年2月26日、京都大学入試問題が「Yahoo！知恵袋」に投稿されたことが発覚。
(2) 所蔵から利用へ
　「図書館資料」の概念は印刷資料や非印刷資料だけでなく、電子書籍などの電子資料、あるいはネットワーク情報資源に拡大し、必ずしも「所蔵」を前提とせず、外部サーバーへのアクセスという契約ベースの「利用」という大きな転換期を迎えつつある。図書館においても「電子出版時代」にいかに対応するかが重要問題に。
(3) 人口減少時代の知識集約型図書館
- 地域活性化の核として
- 複合施設化
- 滞在型図書館の時代

5. 結論
(1) メディアは常に変化し続けている→知識情報基盤の変化から電子資料を位置づけることが必要。
(2) 利用者に対する実践的課題を探究し続けることが重要。
(3) 図書館の未来は利用者が決める。

　以上が「**図書館という『メディア』の可能性**」である。
　利用者の情報行動の変化により、公共図書館に求められるものが、かつての「貸出中心型モデル」から「滞在型モデル」へと移り変わっていくことに焦点を当て、ICTを活用することによって実現できる具体的な利用者サービスを提示した。
　あまりにも本や雑誌が中心であり過ぎたこれまでの図書館観を、さまざまな情報を収集し、整理し、提供できる場としての図書館に作り変える必要性を指摘し、利用者中心の図書館のあり方を探究したのである。

3. 図書館総合展「日本電子図書館サービス」フォーラム

　2017年11月8日（水）13:00～14:30、パシフィコ横浜アネックスホールにおいて、日本電子図書館サービスが主催する「LibrariE（ライブラリエ）がつくるこれからの電子図書館」が開催された。これは筆者がコーディネーターとなり、沖田綾子氏（日本体育大学柏高等学校・司書教諭）、川崎安子氏（武庫川女子大学附属図書館・図書課長）、志水千尋氏（あかし市民図書館・館長）に登壇いただいたフォーラムである（**写真2-3、写真2-4**）。

　まず、沖田綾子氏から、「学校図書館とLibrariE －導入から2年目のレポート」と題して、日本体育大学柏高等学校に2016年から電子図書館システム「LibrariE」を導入し、高校生がどのように電子書籍を活用したかという事例報告を行っていただいた。

　次に、川崎安子氏から「学生の読書習慣育成に向けた『MWU電子図書館』の構築について」と題して、武庫川女子大学における「LibrariE」導入実証実験の結果を発表していただき、最後に志水千尋氏より2017年1月にリニューアルオープンした「あかし市民図書館」における電子図書館の利用実態について報告していただいた。

　その後のディスカッションでは、高校、大学、市民というように、どの世代や立場になってもシームレスに電子書籍が活用できる環境を、学校図書館、大学図書館、公共図書館で形成していくことの重要性が指摘され、紙と電子を選択的に使い分けていく時代という認識がパネリストから示された。また、図書

写真2-3

写真2-4

2017年11月8日、図書館総合展「日本電子図書館サービス」フォーラム
「LibrariE（ライブラリエ）がつくるこれからの電子図書館」

館流通センターと日本電子図書館サービスが 2016 年 10 月に資本提携したことにより、提供されるコンテンツ数が飛躍的に増加し、図書館側の導入しやすさにつながることが指摘された。

4. 図書館総合展「メディアドゥフォーラム」

2017 年 11 月 8 日（水）15:30 〜 17:00、パシフィコ横浜アネックスホールにおいて、メディアドゥが主催する「電子図書館を活用した多文化サービス」が開催された（**写真 2-5**、**写真 2-6**）。

主催者のメディアドゥは次のように開催趣旨を述べている。

> 国際化が進む現在、言語的・文化的なマイノリティに対するサービスの拡充が図書館に求められています。本フォーラムでは多言語コンテンツ・多言語インターフェースを有する電子図書館サービス"Rakuten OverDrive"を活用した多文化サービスの事例を取り上げます。
>
> Rakuten OverDrive の担当者より、多文化社会アメリカでの事例として、言語習得への支援や、英語以外の言語の資料提供を通して、「言葉の壁」の解消を目指す図書館の活動をご説明いたします。
>
> また、国内での取り組みとして、浜松市の市立図書館における多文化サービス実施についても紹介をいたします。

フォーラムの冒頭、メディアドゥの電子図書館事業についての説明があり、続いて田島由美子氏（楽天 OverDrive 事業日本代表）から「Rakuten OverDrive 電

写真2-5　　　　　　　　　　　写真2-6

2017年11月8日、図書館総合展「メディアドゥフォーラム」
「電子出版を活用した多文化サービス」

子図書館の特徴」と題して、アメリカにおける"Rakuten OverDrive"による図書館活動の報告が行われた。そして鈴木正仁氏（浜松市立中央図書館・館長）による「浜松市立図書館における多文化サービスについて」では浜松市の「浜松市多文化共生都市ビジョン」とこれまでの図書館の取り組み、そしてこれから始める電子図書館を活用した多文化サービスの共同開発についての発表があった。

これを受けて筆者は、図書館における多文化サービスについて、地域の情報拠点としての公共図書館は地域住民にとって重要なアクセスポイントであること。紙媒体だけでなく、オンライン資料やネットワーク系情報資源を利用者に提供することはデジタル・ネットワーク社会においては必須であること。そして、ちょうど「障害者サービス」とは、利用者ではなく、図書館の側に「障害」があるように「多文化サービス」でも電子資料による音声読み上げや多言語対応など、在住外国人の利用困難さを解消する可能性があることを指摘した。

その上で、多文化サービスとは、日本語を母語としない外国人を対象に、その知る自由、読む権利、学ぶ権利を資料・情報の提供によって保障していくための図書館活動であるが、日本の図書館における多文化サービスは決して積極的に行われているとはいえない現状であり、電子出版を活用した新しい多文化サービスの可能性を探求することが重要であると、今回の浜松市と"Rakuten OverDrive"の取り組みを高く評価したのである。

浜松市での取り組みを起点として、特に定住外国人の多い自治体の図書館での多言語対応の電子書籍を活用した多文化サービスの進展が今後、期待できる。

5. 図書館総合展「図書館総合展運営委員会フォーラム」

2017年11月9日（木）15:30〜17:00、パシフィコ横浜アネックスホールにおいて、図書館総合展運営委員会が主催する「電子出版を活用した新たな公共図書館サービス」が開催された（**写真2-7**、**写真2-8**）。

これは筆者がコーディネーターとなり、平岡一仁氏（三田市立図書館・館長）、福島幸宏氏（京都府立図書館・企画総務部企画調整課）に登壇いただき、事例報告とディスカッションを行ったものである。

まず平岡一仁氏から「音声読み上げ機能を活用した電子書籍による障がい者サービスとデジタル絵本の読み聞かせ」と題して、三田市立図書館における電子書籍を活用した障害者サービスと児童サービスの事例報告をしていただいた。

第1章 電子出版活用型図書館プロジェクト

　障害者サービスでは日本国内初となる音声読み上げ機能を持つ電子書籍を活用し、視覚障害者に向けた非来館型電子図書館サービスを2016年4月から開始し、電子図書館はバリアフリーに有効なツールであることが明らかになったとした。「視覚障がい者支援サイト」（テキスト版サイト）と、読み上げコンテンツが提供される「通常レイアウト版」の2種が提供されていることをデモも交えながら示していただいた。そして、読み上げコンテンツの閲覧数は1カ月に約110コンテンツであることが報告され、読み上げ機能付きコンテンツは、視覚障害者だけでなく、年配の方を含め、幅広く多くの方に有効であることがわかったという。

　また児童サービスでは、デジタル絵本の読み聞かせについて、（1）デジタル化のみ、（2）読み上げタイプ、（3）読み上げタイプ＋動き、（4）多言語読み上げタイプの4種について、デモを交えながら解説していただいた。

　次に福島幸宏氏から、「公立図書館の未来とディスカバリー・サービス」と題して、京都府立図書館が参加した「ディスカバリー・サービスのトライアル」（EBSCO、図書館流通センター、立命館大学の協力で実施）の実践報告をしていただいた。京都府立図書館でのトライアルの利用状況は、2017年7月28日から図書館内で利用を開始し、9月20日から館外（府立図書館ホームページ）でも利用を開始している。

　福島氏がフォーラムで提起した課題は、ディスカバリー・サービスで表示されたものがすべて京都府立図書館にある（館内で読むことができる／来館すれば

写真2-7

写真2-8

2017年11月9日、図書館総合展「図書館総合展運営委員会フォーラム」
「電子書籍を活用した新たな公共図書館サービス」

閲覧できる）という誤解をされる利用者がおられるため、表示の工夫が必要であるとのことであった。また、大学図書館とは異なり、公共図書館では著作権法上、契約等で認められたデータベース以外のプリントアウトができないことなどがあると指摘された。

一方、京都府の高等学校の探究学習における資料・論文の調査については、高校の学校図書館での対応には限界があるという現状を聞いているので、この部分を補うための1つのツールとして、ディスカバリー・サービスが利用できないか、今後何ができるか検討を進めたいと考えているという。

それぞれの事例報告の後、コーディネーターから浜松市と楽天、メディアドゥによる多言語対応電子書籍による多文化サービスの共同開発についての概要説明の後、さまざまな電子出版を活用した公共図書館における新たな利用者サービスの可能性について、具体的な事例にもとづいたディスカッションが行われ、これからの公共図書館像を描くことができたフォーラムとなった。

6. 関西教育ICT展

2017年8月3日、11:45〜13:15、インテックス大阪において、一般社団法人日本教育情報化振興会ほかが主催する「第2回関西教育ICT展」が開催され、筆者がコーディネーターとなり、セミナー「デジタル・ネットワーク社会における学校図書館と公共図書館の新たな役割」が開催された（**写真2-9**、**写真2-10**）。

写真2-9

写真2-10

2017年8月3日、第2回関西教育ICT展
「デジタル・ネットワーク社会における学校図書館と公共図書館の新たな役割」

まず、澤井広子氏（京都聖母学院小学校・校長）から京都聖母学院小学校における"人工無能"を搭載したキャラクター犬「雪丸」の導入など、子どもたちに大人気の図書館を作り上げている事例報告を行っていただいた。

次に、片岡則夫氏（清教学園中・高等学校・探究科、図書館リブラリア・館長）に清教学園中学校・高等学校における「調べる学習」成果物のデジタルアーカイブ化事業など、生徒が学びの主人公になる取り組みについて発表いただいた。

そして最後に、淺野隆夫氏（札幌市中央図書館 利用サービス課図書・情報館担当係長）による札幌市図書館における電子書籍の活用など公共図書館としての先進的な取り組みと、学校図書館連携の実際についてお話しいただいた。

事例発表の後、小学校、中学校、高等学校、公共図書館におけるICTの活用事例についてのディスカッションを行い、それぞれの事例からお互いの理解を深め、会場参加者とともに新しい図書館像を探究することができたのである。

7. おわりに

ほかにも、大阪市立大学大学院でのワークショップ（2017年5月28日）、岡山県図書館協会セミナー（2017年6月5日）、福岡県図書館協議会セミナー（2017年7月10日）、茂木健一郎氏との対談を行った「TRCセミナー まちの課題を解決する図書館〈シリーズ：Reinventing Libraries〉メディアの変化と図書館の役割」（2018年1月29日）など、さまざまな機会に、電子出版を活用した図書館の新たな利用者サービスに向けた取り組みについて社会的発信を行っている。

このプロジェクトの目的は、図書館の利用者が次世代を担っていくための知識情報基盤が整備されることにあり、その成果は図書館利用者の自己実現や社会的参画として現れると考えている。今後もこのプロジェクトを強化し、ICTを活用するスキルを持った図書館長や図書館スタッフによる利用者主体の図書館作りを実現していきたい。

第2章

大学生が考える ICT を活用した出版と図書館の再構築

本章の内容

　この章は、ゼミ生による課題解決型ゼミナールの論文の概要を紹介する。「公共図書館の電子化がもたらす可能性—障害者サービスの観点から捉えた図書館の未来について／ディスカバリー・サービスの可能性—公共図書館への導入／図書館における利用案内のデジタル化／日本の公共図書館における利用者サービスの変化—「貸出型図書館」から「滞在型図書館」へ／読書ツール、読書行為の変容—出版ビジネスの課題／公共図書館における電子雑誌サービスの利用／学校図書館における電子化の現状と可能性／公共図書館におけるデジタルアーカイブの可能性／滞在型図書館における利用者サービスの新展開／図書館生存戦略—新技術で切り拓く図書館の未来／デジタル・ネットワーク社会における自費出版」と、多様で重層的なテーマを自ら設定し、積極的にフィールドワークに取り組んだ。

平井嘉一郎記念図書館前にて

■ 第2章 大学生が考えるICTを活用した出版と図書館の再構築

研究論文 1

公共図書館の電子化がもたらす可能性
―障害者サービスの観点から捉えた図書館の未来について

青木絢太郎ゼミ生の研究と評価
(立命館大学文学部日本文化情報学専攻3回生)

——【青木絢太郎ゼミ生の研究概要とキーワード】——

　今日、出版メディアの電子化によって私たちの読書環境は大きく変化しつつある。中でも電子書籍や音声読み上げソフトなど、新たな情報保障機器の登場は、公共図書館における障害を持つ利用者に対するサービスを、根本的に変えようとしている。このような新しいICT（情報通信技術）を活かした公共図書館の"視覚障害者サービス"に焦点を当て、今後の公共図書館におけるアクセシビリティ向上の可能性について考察する。

〈キーワード〉
公共図書館／電子化／障害者サービス／アクセシビリティ／電子書籍

——【筆者からのコメント】——

　青木絢太郎ゼミ生の論文は、まず公共図書館における視覚障害者を対象とした利用者サービスが実際にどのように提供されているのかについて、京都府立図書館への調査によって明らかにするものである。担当職員のご協力をいただき、実際に利用されている情報機器の機能についての説明を受け、撮影を行っている。
　具体的には、スキャナーと拡大機能付きモニターが一体となった「拡大読書器」、これを小型化させたいわゆる「電子ルーペ」、そして音声読書器「よむべえスマイル」、点字ディスプレイ「ブレイルメモスマート」（ピンディスプレイ）、視覚障害者のためのデジタル録音図書の国際標準規格であるDAISYデー

タの再生機器「PLEXTALK」について、その機能と図書館での実際の運用状況について検証しているのである。

また、青木論文において特筆すべきは、今日の公共図書館の多くが電子書籍による「音声読み上げ機能」、「文字拡大機能」、「文字色反転機能」などに期待

【ゼミ生の論文の目次】

公共図書館の電子化がもたらす可能性
—障害者サービスの観点から捉えた図書館の未来について

青木 絢太郎

1. 序論
2. 情報保障機器の進化・利用状況（京都府立図書館の例）
    2.1 拡大読書器と音声読書器「よむべえスマイル」
    2.2 点字ディスプレイ「ブレイルメモスマート」
    2.3 DAISY
3. 電子出版と読書アクセシビリティ
    3.1 電子出版のアクセシビリティ機能
    3.2 OSアクセシビリティ機能
4. 図書館における障害者サービスの制度的検討
    4.1 障害者サービス実施に向けた体制の構築
    4.2 サービス提供対象の広範化と提供資料の充実化
5. 結論

課題解決型ゼミナールの討論風景

第2章　大学生が考えるICTを活用した出版と図書館の再構築

が寄せられながらも、その導入に消極的であることを指摘し、具体的な提案を行っている点にある。

　例えば、日本図書館協会が2016年3月に公表した「図書館における障害を理由とする差別の解消の推進に関するガイドライン」に電子書籍の項目が加えられたことについても、このままでは建前止まりであり、実際に公共図書館現場で視覚障害を有する利用者に提供していくためには、具体的な運用プランを提案し、実践することが重要であるとしている。

　そして、電子書籍を活用した障害者サービスでは、公共図書館は利用者のアクセシビリティ確保のために「待ちの姿勢」から「攻めの姿勢」に転じることが必要であると結論づけているのである。

　このようにICTを活用した公共図書館の可能性を、障害者サービスの観点から考察した青木論文は、今後の公共図書館モデルを鍛えるものとして注目に値しよう。

拡大読書器（京都府立図書館にて）

音声読書器「よむべえスマイル」（京都府立図書館にて）

電子ルーペ（実際に商品を購入して撮影）

点字ディスプレイ「ブレイルメモスマート」（京都府立図書館にて）

写真は、いずれも論文作成のため、青木ゼミ生が撮影（2017年11月から12月）

【青木絢太郎ゼミ生のコメント】
(1) 研究動機
　私は2回生のときに受講した図書館司書課程の「図書館情報技術論」（担当：湯浅俊彦教授）の講義で、公共図書館の障害者サービスなどに利用される音声資料を、実際に音訳ソフトを使って制作する体験をしました。
　自分の手で資料制作をしてみると、誤読やアクセントの間違いなどといった修正箇所が多く、想像以上に手間のかかる作業だとわかりました。
　これがきっかけとなって、公共図書館で展開されている障害者サービスについて興味がわき、今後こうした電子資料を公共図書館で十全に活用していくためには現状をどのように変革していくべきなのかということを考えるようになりました。
(2) 執筆後の感想
　論文を執筆する上では、参考文献に書いてあることと現場の実情とで、内容に大きなギャップがあり、自分の頭の中で両者を整理するのに苦労しました。同時に、これまでの自分の研究に対する姿勢には、多くの"思い込み"があったことにも気づかされ、情報を常に批判的かつ多面的に捉えることの難しさを感じました。
(3) 学修効果
　論文を書き終えてから、これまでの"思い込み"はいくらか払拭できたように思います。

ゼミ発表　公共図書館の電子化がもたらす可能性

研究論文 2

ディスカバリー・サービスの可能性
―公共図書館への導入

糸魚川愛佳ゼミ生の研究と評価
（立命館大学文学部日本文化情報学専攻 3 回生）

──【糸魚川愛佳ゼミ生の研究概要とキーワード】──

　図書館の検索ツールといえば、利用者はまず OPAC（オンライン閲覧目録）を思い浮かべるだろう。しかし、図書館にある冊子体資料や視聴覚資料しか検索することのできない OPAC で、利用者は本当に満足した検索結果を得られているのだろうか。近年、多くの大学図書館では電子書籍や電子ジャーナルも検索できるディスカバリー・サービスが導入されているが、公共図書館ではほとんど導入されていない。そこで本稿では、公共図書館におけるディスカバリー・サービスの導入を検討し、レファレンスサービスの高度化について考察する。

〈キーワード〉
公共図書館／ OPAC ／ディスカバリー・サービス／ウェブスケールディスカバリー

──【筆者からのコメント】──

　糸魚川愛佳ゼミ生の論文は、公共図書館にディスカバリー・サービスを導入すればいかに資料に対する図書館利用者のディスカバラビリティ（発見可能性）が高まるかを検証しようとする意欲的な論文である。
　ディスカバリー・サービスとは、糸魚川ゼミ生によれば「従来の蔵書検索に加え、電子ジャーナル、電子書籍、雑誌記事、データベースなど、図書館が提供するあらゆるコンテンツの目録を、利用者にとってわかりやすい形で視覚化して表示することができる洗練された統合的な検索システム」であるという。

現時点では実際にディスカバリー・サービスを導入している公共図書館がなく、2017年6月1日、立命館大学の「電子出版活用型図書館プロジェクト」（研究代表者：湯浅俊彦）が公開セミナー「ディスカバリー・サービスが変える公共図書館：いよいよ始まるトライアル」を開催し、ディスカバリー・サービスを提供するベンダーであるEBSCO、そして図書館流通センターが共同で公

【ゼミ生の論文の目次】

　　　　　ディスカバリー・サービスの可能性
　　　　　　―公共図書館への導入

　　　　　　　　　　　　　　　　　　　　糸魚川　愛佳

1. 利用者が図書館の検索ツールに求めること
2. OPACの問題点
3. ディスカバリー・サービスの登場
　3.1　絞り込み機能
　3.2　表示順
　3.3　サジェスト機能
　3.4　スペルチェック機能
4. ウェブスケールディスカバリーの登場
5. 公共図書館におけるディスカバリー・サービスの可能性
　5.1　ディスカバリー・サービス公共図書館版のトライアル
　5.1.1　大阪市立図書館の事例発表／5.1.2　京都府立図書館の事例発表
　5.2　公共図書館の意義
6. 結論

課題解決型ゼミナールの討論風景

共図書館での無料トライアルをスタートさせたところである。

その後、2017年10月19日に公開セミナー「ディスカバリー・サービス公共図書館版：トライアル中間報告会」において、日本国内初の公共図書館におけるディスカバリー・サービスの事例発表が行われたという、まさに現在進行形のテーマに糸魚川ゼミ生は挑戦したのである。

糸魚川論文では、まず従来のOPAC（オンライン閲覧目録）が利用者にとってきわめて使いにくいことを検証している。例えば、『君の膵臓をたべたい』という小説のタイトルを「君の膵臓がたべたい」と入力してしまうと、たった1字異なっただけで、実際に所蔵されていても検索結果が0件となり、ヒットしない。Googleであれば検索キーワードに多少の間違いがあっても自動修正され、検索結果が出て来る。

また、「コンピューター」と「コンピュータ」のように表記のゆれにもOPACは対応していないことを、実例を挙げて示している。一方、ディスカバリー・サービスでは「君の膵臓がたべたい」と入力しても、検索結果が現れる。もちろんディスカバリー・サービスの利点は、このようなあいまい検索だけではない。

糸魚川論文では、実際にディスカバリー・サービスのトライアルに参加した公共図書館11館のうち、大阪市立図書館と京都府立図書館での事例を挙げ、課題と可能性を検証し、ディスカバリー・サービスを導入することによって、全文検索が可能となり、これからの公共図書館が利用者に対してレファレンスサービスをきわめて簡単に、かつ深く行えるようになると結論づけているのである。

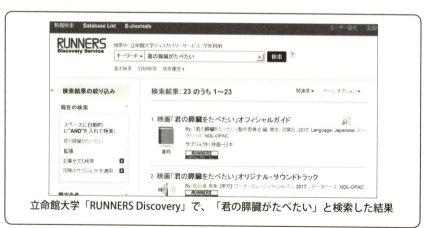

立命館大学「RUNNERS Discovery」で、「君の膵臓がたべたい」と検索した結果

【糸魚川愛佳ゼミ生のコメント】
(1) 研究動機
　OPACの検索キーワードを1文字でも間違えたら結果が正しくヒットしない点や、検索結果が少ない点を不便に感じていました。そんな時に立命館大学図書館の「RUNNERS Discovery」の存在を知り利用してみると、OPACとの違いと、その便利さに驚きました。しかし公共図書館ではディスカバリー・サービスは利用されておらず、その理由を知りたいと思いました。どうすればディスカバリー・サービスが公共図書館にも取り入れられるようになるのかと考え始めたのがテーマを選んだきっかけです。
(2) 執筆後の感想
　ディスカバリー・サービスに関する論文は、どれもパソコンなどに関する専門的な用語が多く、わからない単語を地道に1つずつ調べながら文献にあたりました。また、論文を執筆する際は、誰が読んでも意味がわかるようなるべく専門用語は使わず、わかりやすい言葉で書き換えるよう工夫しました。
(3) 学修効果
　2017年6月にディスカバリー・サービスのトライアルに参加した公共図書館の図書館員の方のお話を伺うことができました。メリットだけではなく、実際に導入してみたことで明らかになったデメリットなどをいろいろな立場の方から聞くことができ、とても貴重な体験になりました。

ゼミ発表　ディスカバリー・サービスの可能性―公共図書館への導入

第2章 大学生が考えるICTを活用した出版と図書館の再構築

研究論文3

図書館における利用案内のデジタル化

宇城知佳子ゼミ生の研究と評価
（立命館大学文学部日本文化情報学専攻3回生）

──【宇城知佳子ゼミ生の研究概要とキーワード】──

　公共図書館が貸出主義型から課題解決型に向かう中、多くの人にとって図書館は未だに「本を借りる場所」に過ぎない。利用者の意識を変えていくためには図書館のサービスをわかりやすく利用者に伝えるものが必要であり、それは利用案内であると考える。利用案内は図書館を利用するすべての人にとって最初に関わるものであり、最初の障害ともいえる。そのため、あらゆる利用者に提供できるものでなくてはならない。従来の図書館の利用案内は紙などの媒体で行われることが多いが、駅やショッピングモールの案内はICT（情報通信技術）を活用したものが増えている。本稿では、図書館も新しい技術を取り入れるべきであるという視点から、ICTを活用した図書館の利用案内として、デジタルサイネージとロボットの活用を提案する。

〈キーワード〉
公共図書館利用案内／デジタルサイネージ／ロボット／ AI ／ Pepper

──【筆者からのコメント】──

　宇城知佳子ゼミ生の論文は、ICTを活用した公共図書館における利用案内を探究するものである。利用者にとって利用案内は「最初に関わるものであり、最初の障害ともいえる」という発想は重要であると思われる。
　宇城論文では、公共図書館における従来からの利用案内の例として、フロアガイドや開館時間などを利用者に提供するリーフレットと、貸出・返却カウン

ターやトイレなどの館内サインの2つを取り上げ、解説している。そして、ICTを活用した利用案内の例として、デジタルサイネージとロボットを挙げている。

デジタルサイネージは、ディスプレイなどの電子的な表示機器を使って情報を発信するシステムであり、屋外、店頭などさまざまな場所で情報提供が行われる。実際に立命館大学衣笠キャンパス「平井嘉一郎記念図書館」では、イベントの紹介やドリンクポリシーなどの案内として活用されている。

【ゼミ生の論文の目次】
図書館における利用案内のデジタル化

宇城 知佳子

1. ICTを活用した図書館の利用案内の意義
2. 従来の利用案内と新しい技術について
3. デジタルサイネージの活用
   3.1 図書館でのデジタルサイネージの活用事例
   3.2 図書館以外でのデジタルサイネージの活用事例
   3.3 図書館でのデジタルサイネージの新しい活用方法の提案
4. ロボットの活用
   4.1 図書館でのロボットの活用事例
   4.2 図書館以外でのロボットの活用事例
   4.3 図書館でのロボットの新しい活用方法の提案
5. 結論

課題解決型ゼミナールの討論風景

下の写真左側のようなキャスター付きのデジタルサイネージは設置場所を移動することも可能であり、イベント案内は自館だけでなく、さまざまな美術館や博物館の企画展示の案内なども行われている。

宇城ゼミ生は公共図書館におけるICTを活用した利用案内についてのフィールドワークとして、実際に岡山県の瀬戸内市民図書館における壁面に埋め込まれたデジタルサイネージの調査を行っている。「せとうち発見の道」という地域資料スペースに、本とモノを合わせた展示があり、土器が発見された様子を示す床下展示が作られるまでの過程を、壁面のデジタルサイネージで見ることができる仕掛けであるという。また、東京都江戸川区篠崎図書館へのフィールドワークでは、ロボット「Pepper」による「座席利用」や「音声蔵書検索」について調査し、吉井潤館長にインタビューを行っている。

宇城論文では、公共図書館が「貸出中心型」から「課題解決型」に利用者サービスの主軸を移していくことに伴い、提供されるサービスが多様化し、そのことをわかりやすく利用者に伝えるための方法として、デジタルサイネージとソーシャルロボットが有効であると結論づけている。図書館におけるICTの活用について、利用案内の観点から考察するユニークな論文であるといえよう。

立命館大学平井嘉一郎記念図書館ドリンクポリシーの案内（2017年5月14日）

江戸川区篠崎図書館音声蔵書検索の様子（2017年9月5日）

写真は、いずれも論文作成のため、宇城知佳子ゼミ生が撮影

【宇城知佳子ゼミ生のコメント】
(1) 研究動機
　きっかけは、図書館概論の授業で、図書館の障がい者サービスは「図書館の利用に障害がある人へのサービス」と知ったことです。そして、すべての人に通じるサービスで、新たにできることは何かと考えました。また、図書館が貸出主義型から課題解決型に向かい、これからの図書館はさまざまなことに取り組むことが予想されるので、それらのことをわかりやすく伝えるものが必要であると考えました。利用案内は誰もが見るものであり、ICTを活用する価値があると考え、このテーマに決めました。

(2) 執筆後の感想
　先行研究を探すことが難しかったです。図書館の利用案内についての先行研究が全くないわけではないのですが、ICTを活用したものとなると見つけることが難しくなりました。そこで実際にPepperを導入している江戸川区篠崎図書館、デジタルサイネージを活用している瀬戸内市民図書館でお話を伺いました。

(3) 学修効果
　書き始めた当初は終わる気配がありませんでした。しかし書き終えた今は、いかに筋道を立てて論を進めるか、という力がついたのではないかと思います。また、今までのレポートとは異なり自分でテーマを選んだことで、今後の卒業論文に対しての意識も高まりました。

ゼミ発表　図書館における利用案内のデジタル化

研究論文 4

日本の公共図書館における利用者サービスの変化
―「貸出型図書館」から「滞在型図書館」へ

岡田俊吾ゼミ生の研究と評価
（立命館大学文学部日本文化情報学専攻 3 回生）

――【岡田俊吾ゼミ生の研究概要とキーワード】――

　2013 年 4 月、これまでの公共図書館にはない新たな利用者サービスを標榜する図書館が佐賀県武雄市に開館した。この新しい図書館により、図書館利用者数は大幅に増加した。この出来事は、「貸出型図書館」から「滞在型図書館」へと変わろうとする公共図書館像を象徴しており、この動向に対する批判自体がきわめて興味深い論点を提供している。本稿では、公共図書館の利用者サービスの変化について、公共図書館の役割が転換しつつあるという観点から考察する。

〈キーワード〉
公共図書館／利用者サービス／貸出型図書館／滞在型図書館

――【筆者からのコメント】――

　岡田俊吾ゼミ生の論文は、カルチュア・コンビニエンス・クラブが運営する武雄市図書館など、いわゆる「TSUTAYA 図書館」についての文献を調査すると、批判的言説がほとんどであることから、これからの「図書館像」について検討しようとするものである。
　その際、「貸出型図書館」から「滞在型図書館」へ移行しつつあるという仮説を立て、「滞在型図書館」はすなわち「課題解決型図書館」でもあることを検証しようとするのである。
　岡田論文によれば、地域住民の仕事や生活に関することに対して、積極的に

【ゼミ生の論文の目次】

日本の公共図書館における利用者サービスの変化
―「貸出型図書館」から「滞在型図書館」へ

岡田 俊吾

1. はじめに
    1.1 問題の所在
    1.2 研究目的
2. 現在の公共図書館
    2.1 貸出型図書館
    2.2 滞在型図書館
    2.3 TSUTAYA 図書館
    2.4 課題解決型図書館
3. 支援を例に挙げて
4. 情報のネットワーク化
5. おわりに

課題解決型ゼミナールの討論風景

レファレンスサービスを行うことが重要であるという。起業・創業支援、中小企業向けマネジメント支援、ビジネス情報提供といったビジネス支援サービス、子育て支援サービス、医療・健康情報サービスなどを、紙媒体だけでなく、データベースやインターネット情報資源を用いて、利用者に情報提供を行っていくことが滞在型図書館における課題解決型サービスとして位置づけられる。

　また、例えばビジネス支援の場合、図書館司書の知識だけでは問題を解決することができないと考えられ、ビジネス関連情報を持つ行政機関や外部との連携を積極的に行う必要がある。また、イベントやセミナーの開催などによって、利用者の抱える課題に迅速に対応し、地域社会を活性化することが図書館には求められるという。

　滞在型図書館は、ライフスタイル提案やイベント体験といった従来の図書館とは異なる機能も有している。また開館時間の大幅増により、仕事帰りの人々も図書館が利用でき、各種セミナーへの参加やイベント体験も可能となる。広報も従来の図書館の枠を超え、地域に発信していく、そういうイメージを想定しているのである。さらに、地域資料のデジタルアーカイブ化によって、より多くの利用者に地域情報を提供することが重要である。また、有料データベースも課題解決型サービスを行っていくためには必須のものであり、地域の人々の課題解決のためにコスト面の負担も自治体の方針として取り組む必要があると指摘している。閲覧するための電子機器やタブレットなどの提供も図書館が行うべきであると岡田論文は述べている。

　つまり、これからの公共図書館は本の貸し借りをする施設というイメージではなく、地域の人々が何かあれば図書館を利用して解決するというタイプの施設になっていくのであり、それが「滞在型図書館」の特徴ということになると結論づけているのである。これは出版業界から特に批判の強い、いわゆる「無料貸本屋」と呼ばれる図書館像を大きく転換するものであろう。

　公共図書館における「貸出型」から「滞在型」への移行は、公共図書館側が考える以上に利用者や出版界に大きな影響を与えることを、岡田論文は先駆的に示している。図書館界という狭い世界ではなく、今日の社会において知識情報基盤がどのように変化し、公共図書館に求められる役割とは何かを考えるという意味で、きわめて重要なテーマであるといえよう。

【岡田俊吾ゼミ生のコメント】
(1) 研究動機
　公共図書館を利用する人が周囲にいなかった。まず、何かあれば図書館に行くという意思を持たないのである。そこで、どのようにしたら図書館を利用してもらうことができるのか。そのためには、どのようなサービスを提供していけばよいか。老若男女問わず利用してもらうにはどうしたらいいのか。これからの図書館はどのような施設であらなければならないのかなど考えることが多かった。そこでこのようなテーマで考えてみようと思った。
(2) 執筆後の感想
　テーマに合った参考資料を探すのが大変で、それをすべて理解するのに苦労した。また、自分は論文の書き方があまり上手にできていなく、多くの情報をまとめることが難しかったためオリジナリティを出すのが難しかった。論文らしい文章を作り上げるということに、非常に苦労した。
(3) 学修効果
　本格的な論文を書くことにより、文章の書き方や資料を読み解く方法、探す方法というようなスキルが身についたと思う。このスキルは、大学生活だけではなく、社会に出た時にも役立つスキルであると考える。そして、これほど長時間かけて作り上げたものはこれまでにないので、書き終えて新たな達成感というものを得ることができた。

ゼミ発表　日本の公共図書館における利用者サービスの変化

研究論文 5

読書ツール、読書行為の変容
―出版ビジネスの課題

押賀晴乃ゼミ生の研究と評価
（立命館大学文学部日本文化情報学専攻 3 回生）

――【押賀晴乃ゼミ生の研究概要とキーワード】――

　近年スマートフォンの普及とともに、電子書籍は身近なものになった。現在の読書において、スマートフォンの存在は重要なファクターとなっている。本稿では、読書という行為がどのように変化したかに注目し、大学生を対象にアンケートを取った。また、本との関わり方が変化している事例を挙げる。これらを検証した上で現在の出版ビジネスの課題を挙げ、これからの出版ビジネスがどうあるべきかを考察していく。

〈キーワード〉
電子書籍／本／読書／インターネット／スマートフォン

――【筆者からのコメント】――

　押賀晴乃ゼミ生の論文は、大学生を対象に読書状況に関するアンケートを実施している。このアンケートによれば「読書で使用する媒体」は 8 割以上の大学生が紙を使って読書し、次いでスマートフォン、PC の結果になっている。また、「紙の本の入手方法」は「購入」が 6 割、「図書館等で借りる」が 3 割となっている。「電子書籍の入手方法」の設問では、「電子書籍を読まない」が 4 割、「無料コンテンツを利用する」が 4 割となっている。「作品を知るきっかけ」の設問では、「本屋で」が 6 割である一方、ブログや SNS で不特定多数の人たちの書込みを見て作品に出会う人が 2 割いることが明らかになった。

　このアンケート結果を総括して、押賀ゼミ生は読書という行為が独立した行

【ゼミ生の論文の目次】
　　　　読書ツール、読書行為の変容 ―出版ビジネスの課題

　　　　　　　　　　　　　　　　　　　　　　　　押賀 晴乃

1．はじめに
　1.1　研究目的／ 1.2 研究方法／ 1.3 用語の定義
2．アンケート調査「読書行為の変容」
　2.1　読書する媒体について／ 2.2　紙の本について／
　2.3　電子書籍について／ 2.4　電子書籍の無料コンテンツについて／
　2.5　作品を知るきっかけとなるものについて／ 2.6　アンケート総括
3．電子書籍市場
　3.1　出版市場の現状／ 3.2　電子出版市場の現状
4．紙の本・電子書籍の関わり
　4.1　電子書籍から紙の本へ／ 4.2　紙の本から電子書籍へ／
　4.3　電子書籍の役割
5．出版の課題
　5.1　著作権／ 5.1.1　著作権概要／ 5.1.2　著作隣接権／
　5.1.3　デジタル・ネットワーク化をうけて／
　5.1.4　出版界のリアクション／ 5.2　作家の利益／ 5.3　コスト
6．結論

課題解決型ゼミナールの討論風景

為ではなくなり、読書がスマートフォンによって行われたり、SNSによって作品を知るなどの事例が徐々に増えつつあるとしている。そして、「スマホによって若者の読書離れは加速している」のではなく、読書の形式が変わったと仮説を立てるのである。

　押賀ゼミ生は紙の本と電子書籍の関わりについて、『プチコミック』（小学館）で連載中にTwitterで内容が拡散され話題になり、単行本化された『深夜のダメ恋図鑑』（尾崎衣良著、小学館 刊）の例を挙げている。一方、Webコミック誌『eヤングマガジン』に連載されていた『食糧人類—Starving Anonymous—』（原案：水谷健吾、原作：蔵石ユウ、マンガ：イナベカズ、講談社 刊）のWeb上のバナー広告が話題になり、電子版が50万ダウンロード、紙版が20万部突破するといった事例を紹介している。このように、電子書籍は低コストであることにより、紙の本への橋渡しや代替ツールとしての役割を果たし、さまざまな作品の公開の機会を提供する可能性があると、押賀ゼミ生は結論づけるのである。

　押賀論文では、スマートフォンが重要なキーワードとなっている。スマートフォンとは何かという問いは、出版や図書館にとってもきわめて重要なテーマであり、いくつかの論点が想定される。

　第1に、デジタルネイティブといわれる世代の出版メディアに関わる情報行動は、これまで長年にわたって紙の本に親しんできた世代とどのように異なるのかという問題である。出版物は「紙が当然」の時代から、「紙は偶然」という時代への変化である。わざわざ紙の本や雑誌を購入するのは、たまたまスマホで知った興味深い出版コンテンツを手許に置きたい願望を読者が持った時となるといった、購入動機の変化である。

　第2に、スマートフォンでは出版メディアの存在は相対化されるという問題である。音楽や映像といったメディアもそこでは対等な価値を持っている。決して、出版メディアが教養主義的な意味で優位な位置を占めているわけではない。文字情報、音声情報、静止画・動画の映像情報がメディアの領域を超えて融合し、新たな領域を形成していく。

　出版メディアに深く依存し続けてきた旧来型の図書館員は、あくまで紙にこだわり、紙の良さを強調するだろう。しかし、押賀論文のテーマはその先にある。そこがこの論文の射程の深さである。

【押賀晴乃ゼミ生のコメント】
(1) 研究動機
　高校生のとき、スマートフォンを持つようになり、読書をしなくなったため、スマートフォンが読書環境を変えていると実感した。電子書籍がスマートフォンでも読めるようになったことで、読書の形が多様化していると考えた。生活において、スマートフォンはなくてはならないものとなり、テレビなどさまざまな娯楽がスマートフォンに移行している中で、読書についてもスマートフォンへの移行があると考えた。
(2) 執筆後の感想
　実態を調べるためのアンケートの項目を作ること。また、事例を調べる際に、自分の知っている範囲でしか探せなかったため、かなり傾向が偏ってしまったと感じた。
(3) 学修効果
　当初は、電子書籍全般でスマートフォンの存在が大きくなっていることを述べたいと考えていたが、実際に調べてみるとほとんどの事例が電子コミックだった。知識としては電子コミックが圧倒的だということはわかっていたつもりだったが、事例を探すことで、小説作品の電子書籍化が進みにくい現実を実感できた。また、アンケートを実施したが、自分の知りたい状況を確認するには項目をかなり作り込まないといけないということを痛感できた。

ゼミ発表　読書ツール、読書行為の変容——出版ビジネスの課題

研究論文6

公共図書館における電子雑誌サービスの利用

川崎凌也ゼミ生の研究と評価
（立命館大学文学部日本文化情報学専攻3回生）

── 【川崎凌也ゼミ生の研究概要とキーワード】 ──

　情報機器の発達やインターネットの普及、さらに出版業界の産業構造の変化などによって、電子書籍や電子雑誌が普及してきている。それに伴い、公共図書館は紙媒体だけを用いてサービスを行うのではなく、電子出版の特性を活かしたサービスに対応する必要が出てきた。その中の1つである電子雑誌は、これからの公共図書館のサービスに非常に重要な役割を担うのではないかと考える。特に、YA（ヤングアダルト）サービス・高齢者向けサービスの分野では、電子図書館的機能が公共図書館における利用者のサービスの向上につながるだろう。本稿では電子雑誌に関する問題点を整理し、これからの公共図書館における電子雑誌サービスの可能性について考察する。

〈キーワード〉
公共図書館／電子雑誌／YA（ヤングアダルト）サービス／高齢者向けサービス

── 【筆者からのコメント】 ──

　川崎凌也ゼミ生の論文は、公共図書館における電子雑誌の導入事例がほとんどないことから先駆的な探求といってよいだろう。大学図書館においては電子ジャーナルの導入が1990年代から進展し、紙媒体での発行を取りやめ、電子版のみという刊行形態が学術情報流通の世界ではごく一般的だが、公共図書館における電子雑誌の導入は行われていないのが現状である。

【ゼミ生の論文の目次】

公共図書館における電子雑誌サービスの利用

川崎 凌也

1. 序論
2. 先行研究
3. 電子雑誌の利用
   3.1 大学図書館での利用例
   3.1.1 リンクの有効性／ 3.1.2 刊行の速さ／ 3.1.3 同時アクセス
   3.2 公共図書館における利用の可能性
   3.2.1 貸出サービスの効率化／ 3.2.2 保存性の向上／
   3.2.3 ディスカバリー・サービス
4. 電子雑誌のサービスの可能性
   4.1 YA サービスでの活用／ 4.2 高齢者向けの活用
5. 電子雑誌の問題性
   5.1 出版業界と公共図書館の競合問題／ 5.2 コンテンツの不足／
   5.3 端末の必要性／ 5.4 保存面の問題
6. 結論

課題解決型ゼミナールの討論風景

そこで川崎論文では、大学図書館における電子ジャーナルについて、「リンクの有効性」「刊行の速さ」「同時アクセス」といった利点を考察している。
　その上で、学術雑誌とは異なるいわゆる「一般誌」を電子化し、公共図書館に導入するとどのようなサービスが提供できるかという仮説を立て、この検証を試みるのである。
　川崎論文では、「バックナンバーの管理のしやすさ」「損傷・劣化の無さ」「ディスカバリー・サービスによる本文検索」といった公共図書館における一般誌の電子化がもたらすメリットを考察し、さらに電子雑誌によって、YA（ヤングアダルト）サービスや高齢者サービスを充実させる提案を行っている。
　具体的には、YAサービスでは『Seventeen』や『nicola』の提供、高齢者サービスでは『家の光』や『サンキュ！』など暮らしに関する雑誌など、利用者層に合った電子雑誌の提供を提案しているのである。
　課題として「電子雑誌のコンテンツ不足」「閲覧端末」「長期保存」が挙げられ、解決すべき点が指摘されている。
　電子書籍の次に間もなく始まるであろう電子雑誌の取扱いについて、実践的テーマに満ちた論文であるといえよう。
　公共図書館における電子雑誌への関心の低さは、図書館現場において「電子」は公共図書館の領域ではないと考えていることに起因している。例えば、ある公共図書館の雑誌書架の『がんサポート』が置かれる棚に、雑誌の代わりに貼り紙がされており、「2016年6月号をもって購読中止となりました（全面電子化に移行したため）。バックナンバーは棚の中にございます」と書かれていた。
　すでに大学図書館では1990年代の終わり頃から、海外の学術雑誌が冊子体での発行を取りやめ、「電子ジャーナル」（学術系の雑誌は電子雑誌ではなく、電子ジャーナルという用語が定着している）に置き換わっていったように、今後、日本国内の一般誌も電子雑誌での発行が増えていくだろう。
　公共図書館がこのような動向に対応するのはもちろん、雑誌出版における紙と電子の構成比が変化することと深く関係するが、電子雑誌になったので公共図書館では利用者に提供しないという論理は成立しないだろう。
　そういう意味で川崎論文は、公共図書館における電子雑誌の先行研究がほとんどない今日において、先駆的な意味を持つのである。

【川崎凌也ゼミ生のコメント】
(1) 研究動機

　大学図書館で利用されている電子雑誌を用いたサービスを公共図書館で活用することはできないのかと考えたからです。もともと、このゼミに入って、公共図書館のサービス面のことについて研究しようと考えていました。それに加わる形で、湯浅ゼミの電子書籍というテーマを公共図書館というテーマに合わせようと考えました。電子書籍では範囲が広すぎると考え、公共図書館における電子雑誌サービスになりました。

(2) 執筆後の感想

　最も苦労したことは、先行研究と実施例の少なさです。CiNiiなどを用いて公共図書館と電子雑誌を主として扱っている論文を探したとき、検索結果が出てこなかった時は、非常に驚きました。また、電子雑誌を活用している公共図書館を探しましたが、こちらも出てこず困惑したことを覚えています。そういった事情もあって、実際に論文を執筆するとき、何を調べたからいいのか、何を具体例に挙げればいいのかと悩みました。

(3) 学修効果

　電子雑誌や冊子体の雑誌についてより詳しくなったことだと思います。電子雑誌はもちろんですが、研究するにあたって、冊子体の雑誌のことについても調べました。電子雑誌や冊子体の雑誌の基礎的知識を得たので、今年執筆する卒業論文で役立てることができるかと思います。

ゼミ発表　公共図書館における電子雑誌サービスの利用

研究論文7

学校図書館における電子化の現状と可能性

川原崎太貴ゼミ生の研究と評価
（立命館大学文学部日本文化情報学専攻3回生）

――【川原崎太貴ゼミ生の研究概要とキーワード】――

　図書館の電子化対応は情報社会となった現代において、図書館の新たな役割を生み出すために、大きな論点の1つとなっている。利用者の情報行動が大きく変化している中で、図書館も従来の本の貸し出しだけではなく新たなサービスの展開を必要とされ、その1つに電子化が挙げられる。本論では学校図書館に焦点を当て、生徒、教員、司書に求められるスキルの変化の観点から、学校図書館の電子化の利点を考察する。また、現在までの具体的な政策や先行研究などから現状をまとめ、学校図書館の電子化の今後について考察する。

〈キーワード〉
学校図書館／電子化／デジタル教科書／アクティブラーニング／デジタルコンテンツ

――【筆者からのコメント】――

　川原崎太貴ゼミ生の論文は、学校図書館における電子化について、サービス対象がデジタルネイティブ世代の児童・生徒であるということ、教師の指導法もアクティブラーニングなど新しい手法が生まれていることを背景に探求しようとするものである。

　まず学校図書館の機能と役割について検討し、「学習センター」「情報センター」となることが求められることを指摘する。

　そして「青少年のインターネット利用環境実態調査」（内閣府、2016年）な

【ゼミ生の論文の目次】

学校図書館における電子化の現状と可能性

川原崎 太貴

1. はじめに
2. 学校図書館とは
3. 利用者像の変化
   3.1 児童・生徒の変化
   3.2 教師／3.2.1 授業へのアクティブラーニングの導入／3.2.2 電子教科書、デジタル教材コンテンツの普及
4. 学校図書館の電子化のメリット
   4.2 児童・生徒の観点から／4.2.1 アクティブラーニングにおけるデジタルコンテンツの有用性／4.2.2 デジタル教材の収集・保存・提供場所としての学校図書館／4.3 学校のアーカイブとしての学校図書館
5. 学校図書館電子化の現状
   5.1 学校図書館の電子化の定義／5.2 学校図書館電子化の流れ／5.3 これからの課題
6. 学校図書館の電子化の今後について
7. 終わりに

課題解決型ゼミナールの討論風景

どの調査にもとづき、インターネット接続機器の利用率が小学生から高校生まできわめて高いという観点から考察を進めている。

また、電子教科書やデジタル教材の普及に見られる教育の情報化、個人が利用する情報機器端末や電子黒板の導入など、学校現場で起こっている大きな変化について論点を整理している。

川原崎論文において最も重要な点は、ちょうど公共図書館が地域資料をアーカイブ化するように、学校図書館においても学校に関するさまざまな情報をデジタルアーカイブ化することを提案していることにある。進路指導や学級通信などに関する資料を独自資料としてデジタル化し、公開範囲を考慮しながら、学内の利用に供することを想定している。

現時点では学校図書館の電子化は、学内 LAN の整備、蔵書検索や貸出システムの電子化がある程度、進展しているが、所蔵資料の電子化や電子書籍貸出サービスを行っている事例が少ない。川原崎論文では、学習センターとしての学校図書館を充実させようという観点から、生徒・児童への教育支援、教師への業務支援を積極的に行い、コンテンツの電子化を通して、独自資料を含めた学内情報資源の活用という重要な問題提起を行っているのである。

学校図書館の電子化を考える際に重要なことは、図書館を設置している学校自体の変化を知ることであろう。今日の学校教育では「アクティブラーニング」（能動的学修）がキーワードとなっていることが大きな変化である。

従来の学校教育では、さまざまな教科の学習内容を教員が生徒を教室に一堂に集め、知識を一方的に伝える授業が最も効率的な教育効果を生むと考えられてきた。しかし、今日では図書館を使った調べる学習や、グループディスカッションやプレゼンテーションのスキルが重視されるようになっている。

もとより、学校図書館は学校図書館法第 2 条において、「図書、視覚聴覚教育の資料その他学校教育に必要な資料を収集し、整理し、及び保存し、これを児童又は生徒及び教員の利用に供することによって、学校の教育課程の展開に寄与する」ことが求めれており、現在では紙媒体の図書や雑誌だけでなく、ポプラ社が提供するオンライン百科事典サービス「ポプラディアネット」などデータベースを契約することも重要な学校図書館の仕事となっているのである。

川原崎論文は、このような学校と学校図書館の変化を背景に今後どのような電子化を行っていくのかを考察する課題解決型リサーチといってよいだろう。

【川原崎太貴ゼミ生のコメント】
(1) 研究動機
　私は、学校図書館に来る人といえば本好きな人であり、そのような人向けにしかサービスを行っていないように思いました。しかし学校にあるからには、本好きの生徒以外にも学校図書館が利用したくなるような環境を作っていく必要があるのではないでしょうか。
　これからの教育の対象は、生まれたときからインターネットに触れてきたデジタルネイティブという世代となります。急速にICTが発達し高度情報社会となった現代の日本で、彼・彼女たちが求められるスキルは今までとは違ったものになるはずであり、学校教育は大きく変わることを求められています。私は学校図書館の電子化によって、このような問題を解決していけるのではないかと考え、このテーマを選びました。
(2) 執筆後の感想
　まだあまり学校図書館を電子化している実例がないので、実際電子化してみてどのような利点や欠点があるのかを調べるのが難しかったです。
(3) 学修効果
　学校図書館の電子化自体、かなり昔から検討されてきたことがわかりました。議論と現状が乖離していることがわかり、先入観にとらわれず調査を行い事実を知ることの必要性を感じました。

ゼミ発表　学校図書館における電子化の現状と可能性

研究論文 8

公共図書館におけるデジタルアーカイブの可能性

高八亜美ゼミ生の研究と評価
（立命館大学文学部日本文化情報学専攻 3 回生）

───【高八亜美ゼミ生の研究概要とキーワード】───

　デジタルアーカイブは、文書館や博物館などで公開されているところがあるが、図書館でも資料をデジタル化して公開していることがある。しかし、大学図書館に比べて、公共図書館でデジタルアーカイブを運営している事例は少ない。本稿では、公共図書館におけるデジタルアーカイブの現状を整理し、公共図書館でデジタルアーカイブを運営することによって展開する新たな利用者サービスの可能性を考察する。

〈キーワード〉
公共図書館／デジタルアーカイブ／ナショナルアーカイブセンター

───【筆者からのコメント】───

　高八亜美ゼミ生の論文は、デジタルアーカイブを活用することによって、公共図書館の利用者サービスを高度化する方法を探究するものである。
　まず高八論文では、古文書や古地図等のデジタルアーカイブを構築する公共図書館の事例を挙げ、資料保存と地域資料提供という 2 つの観点からメリットがあるとしている。
　静岡県立中央図書館は「ふじのくにアーカイブ」によって、「葵文庫」や「久能文庫」、「世界四大洲新地図帳」などの古地図を公開している。また、富山市立図書館の「山田孝雄文庫」や富山市の古地図を「電子図書館」で閲覧することができるのである。

【ゼミ生の論文の目次】
公共図書館におけるデジタルアーカイブの可能性

高八 亜美

1. はじめに
   1.1 研究目的、方法
   1.2 定義付け
2. 公共図書館におけるデジタルアーカイブの取り組み
   2.1 古文書、古地図等の貴重資料
   2.2 地域にゆかりのある人物
   2.3 地域住民との協力
   2.4 他機関との連携
   2.5 地図とコンテンツの関連
3. 課題
4. 活用方法
5. おわりに

課題解決型ゼミナールの討論風景

さらに岩手県立図書館の「イーハトーブ岩手電子図書館」、長崎市立長崎図書館の「長崎ゆかりの文学」、長岡市立図書館の「ながおかネット・ミュージアム」など、地域にゆかりのある人物に焦点を当てたデジタルアーカイブの意義について言及している。また、岡山県立図書館の「デジタル岡山大百科」や山中湖情報創造館の「山中湖写真所在目録」など、地域の人々の協力を得て、デジタルコンテンツを制作する方法についてもその重要性を指摘している。

　ほかにも高八論文では、大学、博物館、資料館との連携なども視野に入れながら、公共図書館におけるデジタルアーカイブの取り組みについて紹介し、考察を行っている。そこから、ナショナルデジタルアーカイブ構想についても言及し、利用者の利便性をいかに高めるかを探究する結論となっている点、これからの公共図書館を考える上できわめて重要であろう。

　これまでの公共図書館は図書と雑誌、視聴覚資料を中心に地図資料や行政資料などの収集と提供に努めてきた。しかし、地域資料という観点からは例えば地域の祭礼などを記録した映像資料や音声資料のデジタルアーカイブを構築することも考えられよう。コミュニティの記憶装置としての公共図書館は、ICTを活用した新たな役割を発揮することが可能なはずである。

　しかし、そのようなデジタルアーカイブの取り組みについては、図書館間に大きな格差が存在する。そこには2つの課題がある。

　第1に、電子資料を積極的に取り扱う姿勢の有無である。予算が少ないことやICTスキルを持った職員がいないなどを理由に、電子資料の収集やシステム構築に消極的な図書館が多く存在する。

　第2に、情報発信やプロデュース機能の問題である。図書や雑誌など購入資料を中心にコレクションを形成してきた図書館の慣習から、自らが資料を作り出すという機能に欠けている図書館がある。もちろん、紙媒体であっても例えば新聞に掲載された地域の情報をスクラップしていた時代があり、さらには地方紙とデータベース契約を結んでいる図書館も存在する。しかし、デジタルアーカイブを独自資料としてプロデュースする力を持つ図書館は少ない。

　デジタルアーカイブを構築し、効果的な利用者サービスを行っている公共図書館の事例研究から、今後の方向性を模索しようとする高八論文は、その意味で意義深いといえよう。

【髙八亜美ゼミ生のコメント】
(1) 研究動機
　1回生のときの授業の中で、図書館は情報を提供する場で、さまざまな可能性を秘めていると知り、図書館についての研究に興味を持ちました。2回生のときには図書館司書系の授業をいくつか履修していました。そのときに図書館でのデジタルアーカイブの取り組みについて知りました。そこで、公共図書館でのさまざまな独自のデジタルアーカイブについて興味を持ち、自分でも研究してみたいと思ったので、今回のテーマに選びました。
(2) 執筆後の感想
　今まで、成績評価のためのレポートを書く機会は何度もありましたが、今回は正式に論文という形で書くということを改めて意識させられました。言葉遣いや注釈のつけ方など、基本に立ち返って書くように意識しました。また、初めはデジタルアーカイブの実施例の羅列のようになってしまっていましたが、特徴別に分類するようにアドバイスをいただき、最終的に、まとまった形に仕上げることができました。
(3) 学修効果
　自分の主張を展開する上で必要な部分を参考にしているだけになっていることが多々ありました。参考文献を批判的に読むことや、対立する意見についても目を通していくこと等で、研究に深みが出ることを知り、参考文献との向き合い方を改める必要があるということがわかりました。

ゼミ発表　公共図書館におけるデジタルアーカイブの可能性

研究論文9

滞在型図書館における利用者サービスの新展開

中野菜々美ゼミ生の研究と評価
（立命館大学文学部日本文化情報学専攻3回生）

──【中野菜々美ゼミ生の研究概要とキーワード】──

　図書館は、図書の貸出サービスを行うだけでなく、さまざまな情報資源を活用して利用者が関心を持つ主題について調査したり学習したりすることができる環境を提供するという役割がある。そこで近年では、図書館を訪れてもらうために、さまざまなイベントが行われている。しかし、イベントを実施する上で課題となるのが、広報の方法やスタッフのスキルの問題である。また、図書館の利用が、そのイベントのときだけにならないように先を見据えた計画が必要となってくる。本稿では、図書館が実施する多様なイベント事例を類型化し、新たな利用者サービスにつながるイベントの実施手法を考察する。

〈キーワード〉
公共図書館／滞在型図書館／イベント／利用者サービス

──【筆者からのコメント】──

　中野菜々美ゼミ生の論文は、公共図書館が滞在型図書館に変化しつつある中、さまざまなイベントに焦点を当て、イベント事例を類型化することによって、新たな利用者サービスを展望する点がユニークである。
　中野論文では、これまでの公共図書館が一部の本好きな市民が本を読み、試験を控えた学生が勉強をするといった旧来の図書館観についてまず言及し、そこからの変化と共にかなり多様なイベントが行われるようになったことを、事例を挙げて検証している。

【ゼミ生の論文の目次】
　　　滞在型図書館における利用者サービスの新展開

中野 菜々美

1. はじめに
2. 公立図書館のはたらき
3. 図書館でのイベント
   3.1　さんぶの森図書館の取り組み／3.1.1　図書館の概要／3.1.2　イベント①「夜の図書館たんけん」／3.1.3　イベント②「『さんぶの魅力フォトコンテスト』展示会」／3.1.4　イベントその②「夏休み読書ラリー」／3.2　飛騨市図書館の取り組み／3.2.1　図書館の概要／3.2.2　イベント①「暗がりライブラリー」／3.2.3　イベント②「リアルしおり」／3.3　京都市中央図書館の取り組み／3.3.1　図書館の概要／3.3.2　イベント「おとなのお楽しみ会」
4. 図書館イベントから見えること
   4.1　それぞれの図書館から見えた課題／4.2　共通の課題／4.3　改善策
5. 考察
6. 結論

課題解決型ゼミナールの討論風景

例えば千葉県山武市の「さんぶの森図書館」では、「夜の図書館たんけん」を実施している。このイベントは川島敏生の絵本『１ねん１くみの１にち』を参考に夏休みの夜に図書館に子どもたちが集まり、おはなし会や書庫探検を体験した後、図書館を含むさんぶの森講演に飛び出し、懐中電灯を片手にミッションをこなす、というものだという。
　また、「『さんぶの魅力フォトコンテスト』展示会」を図書館で行い、書架に面陳列した本の間に写真がある展覧会風のイベントを行っているという。
　ほかにも飛騨市図書館が行う「暗がりライブラリー」や「リアルしおり」の配布、ゼミ生自身が調査のために参加した京都市中央図書館の「おとなのお楽しみ会」での「コワ〜いお話の会」など、多様なイベントが紹介され、閉鎖的で図書を貸し出すだけの施設という図書館のイメージを変える試みとして評価している。
　中野ゼミ生は京都市中央図書館の司書へのインタビューも実施し、図書館がどのような目的でさまざまなイベントを行うのかを調査している。
　本と人、人と人をつなげる場所こそ公共図書館という結論は、説得力があるといえよう。中野論文が書かれた背景には、「場」としての公共図書館の再発見というテーマがあり、そこには２つの新しい可能性がある。
　第１に、体験型イベントを図書館で開催することによって利用者と所蔵資料を結びつけることが可能となることである。図書や雑誌はそれだけではいわば「孤立」して存在するが、ある主題に沿って見てみると、いくつもの図書や雑誌が「共有」している「モノ」や「コト」に利用者が気づくのである。
　第２に、利用者と利用者を結びつけることが可能となる。例えば、「夜の図書館」という非日常な時間と空間を一緒に過ごすことによって、利用者は人と人のつながりの不思議さや楽しさを体験することになる。
　これら２つの出来事は、ただ単に図書や雑誌を読めば出現する事象ではなく、図書館という場の中で人や資料と出会うことによって「発見」されるのである。
　家や学校・職場ではなく、図書館にいる時間、図書館という空間が人々の知的可能性を拡げ、自己実現や新たな社会的関係性の構築につながる―そのようなイベントはまさに「滞在型図書館」の妙味ともいえよう。
　中野論文は、このような新しいテーマに挑戦しようとする意味で、高く評価することができるのである。

【中野菜々美ゼミ生のコメント】
(1) 研究動機
　図書館は図書の貸出業務が主な仕事で、静かに運営されていると思っていた。しかし、司書課程の授業内において、図書館を利用してもらうためにさまざまなイベントが行われていることを知った。それならば、どのようなイベントが行われているのだろう、またイベントを行った結果、どのような効果があるのだろうと思い、このテーマにした。

(2) 執筆後の感想
　図書館のイベントに関する先行研究が少ないので、どのようにまとめればいいのか、どのように研究していけばいいのかわからず苦労した。また、各館でどのようなイベントが合っているのか調べるのも、非常に手間のかかる作業であった。

(3) 学修効果
　図書館は、図書の貸出や返却業務を行うところというイメージがあり、たまに読み聞かせなどのイベントが行われているだけという認識であった。実際には、イベントを実施することも図書館の役割だと知ることができた。また、図書館司書にインタビューを行ったことで、図書館側がどのような思いでイベントを企画・実施しているのかも知ることができた。児童向けの読み聞かせだけではなく、大人対象に夜に開催される読み聞かせや、もの作りをするイベントもあるなど新しい知識が増えた。

ゼミ発表　滞在型図書館における利用者サービスの新展開

研究論文 10

図書館生存戦略
―新技術で切り拓く図書館の未来

藤原聖ゼミ生の研究と評価
（立命館大学文学部日本文化情報学専攻3回生）

―【藤原聖ゼミ生の研究概要とキーワード】

　本稿では、現在の図書館利用者のニーズを情報技術の普及という面から考え、その変化が図書館にどのような影響を及ぼすかを予測し、これからの図書館が生き残っていく上で何が求められるかを考察する。

〈キーワード〉
情報技術／情報端末機器／情報検索／図書館施設／図書館サービス／図書館司書

―【筆者からのコメント】

　藤原聖ゼミ生の論文は、新しい情報技術によって図書館がどのように進化していくのかを問うものである。

　藤原論文では、まず現在の図書館が紙媒体を中心に資料収集を行ってきたが、情報のデジタル化により大きな変化を遂げつつあることを指摘している。電子書籍や電子雑誌のように、従来は形を持っていた資料がデータへと変容しているのである。

　例えば国立国会図書館では、資料デジタル化は利用者の利便性の向上、関連機関との連携性の向上が目的であるとしている。紙媒体などの経年劣化や使用による損耗を防ぐことができ、検索がしやすくなり、障害者への音声読み上げなど、さまざまな可能性が広がるのである。

　その背景には利用者の情報行動の変化がある。モバイル端末の所有率の高さ

【ゼミ生の論文の目次】
　　　　図書館生存戦略 ―新技術で切り拓く図書館の未来
　　　　　　　　　　　　　　　　　　　　　　　　　　藤原 聖

1. ネットワーク社会での図書館の意義
　1.1　現在の図書館
　1.2　利用者の求めるもの
　1.3　図書館の昔と今
2. 図書館の新しいサービス
　2.1　情報の提供と保存
　2.2　組織化
　2.3　人的サービス
　2.4　空間の提供
3. 新技術のパイオニア
　3.1　図書館のロボット達
　3.2　本の運送
4. まとめ

課題解決型ゼミナールの討論風景

から、国民のほとんどがアクセス可能な状況にあることがわかる。一方、藤原論文において、インターネット情報の組織化という観点からは、すでにGoogleなどにより、図書館は入る余地はないとしている点は興味深い。その上で、典拠が正確でない情報が多いために、情報の選定、順位付け、評価などを自動的に行うシステムを構築することは、図書館の新たな業務になるとしているのである。

また、藤原論文では、江戸川区立篠崎図書館に導入されたロボットPepperや、京都聖母学院小学校の図書館カウンターに置かれ、児童が図書を貸出・返却するたびに話しかけてくれる「雪丸」という白い犬のぬいぐるみのようなロボットについて、さまざまな可能性を見出している。ほかにも甲南大学図書館のロボットなど、人とのコミュニケーションを取る実験について紹介されている。

さらに、Amazonが英国においてドローンを使った配達を行っていることから、図書館の相互貸借等での試験運用をこの論文は提起している。

結論として、新しい情報技術によって図書館は変革を余儀なくされているにも関わらず、その変革は遅れていることを指摘し、時代に機敏に反応することの重要性を強調するのである。

藤原論文が書かれた背景には、図書館のイノベーションが遅れているという危機意識がある。インドの図書館学者であるランガナタンは「図書館は成長する有機体である」とし、常に変化することが図書館の本質であることを喝破していた。実際、「図書館資料」の概念も図書や雑誌だけでなく、レコード、ビデオテープ、レーザーディスク、DVD、ブルーレイというように、新たなメディアが登場するたびに収集対象に加えてきたのである。

しかし、メディアの変化にはそれなりに対応してきたとしても、図書館の管理・運営に関するICT化は依然遅れたままである。そもそも自宅やコーヒーショップでも当たり前になってきたWi-Fi環境を整備していない公共図書館は完全に遅れた「施設」であろう。

利用者の情報行動の変化に対応する図書館は常に「成長」し続ける必要がある。いつまでも「過渡期」であり、どこまでも「完成形」はない。藤原論文は、多くの公共図書館で普及してから当館でも導入するといった、なんとなく図書館を運営する姿勢ではなく、図書館の生き残りを賭けて戦略的に新しい情報技術を導入する必要があることを示唆している。

【藤原聖ゼミ生のコメント】
(1) 研究動機
　情報端末機器の普及とともに、電子メディアが急激に成長している黎明期ともいえる現在において、図書館でもそれらを用いたサービスが展開されつつあるが、電子メディアへの対応に追われており、図書館は電子メディア導入について最適解を出しているとはいえない。試行錯誤をしている状態である。電子メディアがますます進化していく可能性を考えると、このままでは図書館は時代に取り残されてしまうように思う。そのため、図書館がこれからも利用者に必要とされるにはどのようにすればよいかということに興味がわいたため。
(2) 執筆後の感想
　現在、さまざまな人が図書館のあるべき姿を探している状態であるため、正解がなく、またそれに関する論文も少ない。そのため、参考文献を探すのが大変だった。
(3) 学修効果
　電子メディアが導入されていく図書館で今何が問題であるのか、また何が求められているのかをよく知ることができた。

ゼミ発表　図書館生存戦略―新技術で切り拓く図書館の未来

研究論文 11
デジタル・ネットワーク社会における自費出版

余田葵ゼミ生の研究と評価
（立命館大学文学部日本文化情報学専攻3回生）

──【余田葵ゼミ生の研究概要とキーワード】

　毎年、多くの自費出版物が刊行されている。自分史や社史など、個人や組織を表現する場として自費出版は捉えられている。近年、電子出版の発達により、電子での自費出版も増加している。その一方、自費出版という形ではなく、自身の作品を投稿するという形の投稿サイトもインターネット上に多数存在する。自費出版がどのように定着してきたのかを整理し、出版メディアにおける自費出版の変容と再構築について考察する。

〈キーワード〉
自費出版／電子自費出版／小説投稿サイト／ AI ／人工知能

──【筆者からのコメント】

　余田葵ゼミ生の論文は、電子出版の進展により従来の自費出版という概念が揺らぎ、再定義する必要が生じていることをテーマとしている。
　余田論文では、自費出版を取り扱う出版社55社を抽出し、リスト化を行い、資料請求などして調査を行っている。また、小説投稿サイトを21サイト抽出し、その利用規約の調査を行っている。さらに、電子書籍による自費出版を取り扱っている代表的な企業4社を抽出し、調査を行っている。
　一方、自費出版の歴史を「自費出版はじまりの時代」「普及の時代」「ブームの時代」「デジタルの時代」の4期に分け、それぞれ解説を加えている。そして、自分史や戦争に関する自費出版を中心に取り扱う新風書房代表者へのイン

研究論文11　デジタル・ネットワーク社会における自費出版

【ゼミ生の論文の目次】
デジタル・ネットワーク社会における自費出版

余田 葵

1. はじめに
   1.1 研究目的
   1.2 研究方法
   1.3 自費出版の定義
2. 自費出版の歴史
   2.1 自費出版はじまりの時代（1903～1944年）
   2.2 普及の時代（1945～1970年）
   2.3 ブームの時代（1971～1988年）
   2.4 変化の時代、デジタルの時代（1989年～）
3. 現在の自費出版
4. 電子自費出版の新しいサービス
5. おわりに

課題解決型ゼミナールの討論風景

タビュー調査を行っている。また、紙媒体と電子媒体の自費出版の比較表を作成し、その特性を費用や校閲について整理して示している。

　余田論文がユニークなのは、電子自費出版の新しいサービスとして、人工知能（AI）による文章校正を提案している点にある。文章校正の手順として、(1) 形態素解析を行い、(2) 人工知能の経験上最も自然な順番に形態素を並べ、(3) 実際に入力されている文章と人工知能が形態素を並べた文章が異なれば、エラーを出す方式を推奨している。電子による自費出版は安価であり、手続きが簡便なため、今後さらに普及すると考えられるが、誤字脱字が目立つことがわかった。そこで、余田論文ではAIによる文章校正を提示し、自ら簡便に自費出版することを可能にする新しい文章校正システムを提案したのであった。

　余田論文が書かれた背景には、「書くこと」と「読むこと」をめぐるメディアの大きな変化がある。つまり、図書や雑誌といった出版メディアは基本的に「書く人」は少数であり、「読む人」が多数であったが、「魔法のｉらんど」といったケータイ小説サイトや「小説家になろう」などの投稿サイトの登場によって、「書く人」と「読む人」の関係は必ずしも少数派と多数派という単純なものでなくなった。つまり、執筆＝発信という簡便なシステムによって、どれほど短い形式の作品であろうとも誰でも著作者になることが可能となり、書き手と読み手の関係がきわめて近しいものになったのである。

　写本の時代、活版印刷の時代を経て、電子出版の時代は単に紙の出版メディアを電子化しただけではなく、多くの書き手を生み出した時代ともいえよう。電子自費出版は紙の自費出版と異なり、次の3つの特徴がある。

　第1に、紙媒体の自費出版と比較して安価に、あるいは無料で出版することが可能となり、書き手になることのハードルが著しく下げられたこと。

　第2に、編集過程を経ない出版物が市場に流通するという紙の出版では稀有な現象が、電子自費出版では通常のこととなり、出版編集者によって刊行が見送られた作品が多くの読者に支持されることもあり得ること。

　第3に、電子自費出版が1点1点のタイトルではなく、データベースとして機能し、シチュエーション分類などが行われるようになったこと、である。

　余田論文が描こうとする電子自費出版の世界は自費出版の歴史の中の大きな転換点であり、これを探究することは実に意義深いと言わねばならない。

【余田葵ゼミ生のコメント】
(1) 研究動機
　インターネットを介して、誰でもどこにいても情報を発信できる時代になりました。そのような時代において、自分の作品を残すための自費出版、自分の歴史を残すための自費出版というものはどのような役割を果たすのだろうかと思ったことがきっかけです。
　私が小学生の頃、自費出版に関する報道が相次ぎ、興味を持っていたことも理由の1つです。
(2) 執筆後の感想
　先行研究が少なかったことです。自費出版の方法について書かれた書籍、いわゆるハウツウ本などは多くありますが、自費出版の歴史などについて書かれているものは少なく、年間どのくらいの自費出版物が出版されているのかという統計もないため、情報収集が難しかったです。
　実際に自費出版を扱われている出版社へ取材させてもらうなどして、情報収集を行いました。
(3) 学修効果
　一次資料を探すことの大切さを学びました。二次資料だけに頼るのではなく、自分自身で調査して一次資料を集めることが、自身の論拠を確かなものにすることがわかりました。今後とも、積極的にインタビューなどを行い、自分自身で調査することを大切にしていきます。

ゼミ発表　デジタル・ネットワーク社会における自費出版

第3章

フィールドワーク
―電子出版・電子図書館を探求する―

本章の内容

　大学生にレポートを課すと、そのテーマのキーワードをGoogleやYahoo!で検索し、他者が発表した論文や資料の要点を引用して論点を整理し、自分の感想を述べるといったものが多い。しかし、「現実」は実は複数あり、「書かれたもの」を無批判に引用するだけではなく、自分の足で「調べたこと」を重視すると世界の見え方が変わってくる。湯浅ゼミでは、先行研究の網羅的収集とレビューだけではなく、フィールドワークを行うことを必須としている。フィールドワークは文献だけに依拠しない、批判的思考を鍛える重要な手法なのである。

湯浅ゼミ調査旅行
（青山学院大学図書館、2017年9月4日）

■ 第3章 フィールドワーク —電子出版・電子図書館を探求する—

訪問記
青山学院大学・野末俊比古ゼミ
訪問日：2017年9月4日（月）10時15分～13時15分

1. 青山学院大学への訪問

　青山学院大学・青山キャンパスを訪問したのは、教育人間科学部教育学科・野末俊比古准教授のゼミ生（教育学科3・4年生）と「ICTを活用した教育」について討論することが目的であった。まず、筆者から今回の異なる分野のゼミ交流におけるディスカッションのテーマを野末先生と打合せ、「ICTを活用した教育」としたことを説明した。続いて、湯浅ゼミの川原崎太貴3回生が「学校図書館の情報化」をテーマにパワーポイントを用いて発表を行い、その後、青山学院大学のゼミ生から意見を出していただき、ディスカッションへと展開した。

2. 白熱のディスカッション

　湯浅ゼミが想定していた以上に、青山学院大学のゼミ生たちから「心の教育を行うには電子は不向きである」という意見が多く出た。例えば電子書籍は、契約条件にもよるが端末さえあれば何人も同時に閲覧可能であるため、1つのものを大切に使うという心を育てにくいのではないかという意見である。また、電子黒板について、「準備が大変」「回線がとまる」といったマイナスな意見が多く出たが、分野によって活かせるという意見もあった。
　一方、渋谷区では現在、小・中学生全員にタブレットが配布されていること、また日本体育大学柏高等学校の電子書籍導入事例などの話が2人の教員側から出され、利用者である小学生、中学生、高校生が電子情報機器に慣れている状況であることが確認された。
　その後、タブレットによる授業の方法、予習・復習の方法の変化やいわゆる「反転授業」の意義、教員側のスキルの問題など、多岐にわたる問題が話し合われ、場所を移して共に昼食を取りながらの話は尽きることがなかった。

訪問記　青山学院大学・野末俊比古ゼミ

フォト・ルポ

第3章　フィールドワーク　―電子出版・電子図書館を探求する―

訪問記

河出書房新社・本社

訪問日：2017年9月4日(月) 14時10分 〜 16時30分

1. 『日本文学全集』と『デジタル伊能図』に関するレクチャー

　文芸書出版社を訪問し、紙媒体の出版物と電子出版の棲み分けについて探求したいというゼミ生の希望があり、ちょうど『日本文学全集』を刊行している河出書房新社にお願いし、本社を訪問した。まず、編集第一部第二課東條律子課長から『日本文学全集』の企画意図、池澤夏樹氏の個人編集であることの意義、それぞれの執筆者への依頼など制作にまつわるお話、刊行後の反響などの詳細をレクチャーしていただき、ゼミ生たちからの質問に実に的確、明快なお答えをいただいた。

　文学全集の編集者が持つ豊富な知識と幅広い教養を実感した濃密な時間であった。ちょうどこの日に第4巻の角田光代訳『源氏物語 上』ができ上がり、現物を見ながらのぜいたくな学びとなった。

　また、営業第一部第一課の片山郁氏から『デジタル伊能図』の企画、制作、販売についてレクチャーを受けた。実際に『デジタル伊能図』を見ながら、測量を行っていた伊能忠敬の日記に書かれた地点を現在の地図に重ねて表示するしくみについて解説していただいた。

2. 資料室見学

　地下2階にある資料室では、総務部の加藤重男氏から河出書房新社の歴史とこれまで刊行してきた出版物についてのレクチャーを受けながら、実際の書庫を見学した。まさに出版社の財産である1冊1冊の刊行物を手に取り、その1冊のエピソードを聞く、ぜいたくな時間となった。最後に、ゼミ生から事前に送っていた質問事項について、取締役総務部長の金綱美紀夫氏よりお答えいただき、紙と電子の棲み分けをどのようにしていくのかという現在の出版社の課題について、活発な意見交換をさせていただくことができた。

訪問記　河出書房新社・本社

フォト・ルポ

第3章 フィールドワーク ―電子出版・電子図書館を探求する―

訪問記
メディアドゥホールディングス・東京本社
訪問日：2017年9月5日（火） 10時00分～11時50分

1. 電子出版と電子図書館事業のレクチャー

　メディアドゥホールディングスを訪問したのは、日本の電子出版と電子図書館について考えるとき、きわめて重要な位置に存在する企業だからである。メディアドゥは2000年に「パケ割！」を開発し、2004年に「着うた®」配信サービスを開始するなど成長を続け、2006年からは電子書籍配信サービスを開始。一方、米国OverDrive社と戦略的業務提携を締結し、日本国内の公共図書館をはじめとするすべての図書館を対象とした電子図書館サービス事業を展開している。2017年には「株式会社出版デジタル機構」の株式を100％取得し、メディアドゥホールディングスとして日本の電子出版業界最大手の企業となっているのである。

　メディアドゥホールディングスはゼミの先輩、竹本正史氏が勤務する職場でもあった。竹本氏が3回生時に書いたゼミ論文「電子書店とディスカバラビリティ」（『電子出版と電子図書館の最前線を創り出す』出版メディアパル 刊）は、電子書店のディスカバラビリティについて書かれた先駆的な論文であり、まさに「電子出版と電子図書館の最前線を創り出す」世界で元・ゼミ生が仕事をしているのである。

　当日は、事業開発本部電子図書館推進部・川手満喜男課長からOverDriveと提携して進めている電子図書館事業について、アライアンス事業本部マーケティングセールス部の竹本正史氏より電子出版事業についてそれぞれレクチャーを受け、ゼミ生たちと意見交流を行った。

2. オフィス見学

　ゼミ生たちは自分の決まった席を設けず自由な席で仕事をする「フリーアドレス」タイプのおしゃれなオフィスに驚いていた。メディアドゥグループではきわめて自由闊達な職場環境が提供され、こういったオフィスから新しい戦略的発想が生まれるとゼミ生たちは感じたようであった。

訪問記　メディアドゥホールディングス・東京本社

フォト・ルポ

訪問記
国立国会図書館・東京本館
訪問日：2017年9月5日(火) 13時40分〜15時20分

1. 国立国会図書館東京本館の見学

　国立国会図書館東京本館に到着したゼミ生たちは、新館1階で「登録利用者カード」の申込みを全員で行った。その後、電子情報部電子情報企画課の中川紗央里氏の案内で、新館と本館の見学を行った。新館地下の雑誌バックナンバーを排架しているところで、創刊号から所蔵している『週刊少年マガジン』など、圧倒的な資料群を目の当たりにし、ゼミ生たちは感嘆の声を挙げていた。

2. 電子図書館事業のレクチャー

　見学が終わると、電子情報部電子情報企画課の山口聡氏より、「国立国会図書館の電子情報事業」というテーマでレクチャーを受けた。国立国会図書館は、所蔵資料のデジタル化やオンライン資料の収集を行っているほか、国の分野横断統合ポータル「ジャパンサーチ（仮称）」の実現を目指して、内閣府をはじめとする関係省庁や主要アーカイブ機関と連携・協力して取り組みを進めていること、後者に関連するデジタルアーカイブをめぐる国の動きとして、「我が国におけるデジタルアーカイブ推進の方向性」や「デジタルアーカイブの構築・共有・活用ガイドライン」（いずれも、内閣府：デジタルアーカイブの連携に関する関係省庁等連絡会・実務者協議会）が2017年4月に公表されたことなどについて、話があった。

　レクチャー後には、ゼミ生たちからの納本制度や電子書籍に関する質問などに答えていただき、実に有意義な時間を過ごすことができた。最後に、ゼミ生たちは再び新館に行き、でき上がった「登録利用者カード」を受け取り、あとは自由行動で館内の情報室や資料室を見て回った。ゼミ生たちにとっては、国内の刊行物を網羅的に収集し、目録を作成し、国民に提供する国立図書館の機能と役割を実感した時間であった。

訪問記　国立国会図書館・東京本館

フォト・ルポ

第4章

立命館大学文学部の授業実践事例
立命館大学・日本ペンクラブ連携
「人文学特殊講義：作家・制作者と語る現代表現論」

本章の内容

　「現代表現論を再構築する」——そういう目的で2017年4月から7月までの毎週、立命館大学文学部は、日本ペンクラブと連携して作家・制作者を招き、学生とディスカッションを行う双方向の授業を展開した。
　ふだんは静かな学生たちが次々発言する様子は、アクティブラーニングの重要性を改めて感じさせるものとなった。

写真は、講義前日の『朝日新聞』（2017年4月6日）夕刊1面に掲載されたゲスト講師の吉岡忍氏の記事を紹介する第1回授業風景

第1節
日本ペンクラブ・立命館大学文学部連携授業の報告

1. 連携授業の経緯と意義 (注1)

2017年4月から7月まで毎週金曜日の4限、立命館大学文学部において「人文学特殊講義：作家・制作者と語る現代表現論」（担当教員：湯浅俊彦文学部教授、履修生184名）が開講された。

本科目は文学部創設90周年記念事業として、日本ペンクラブと連携し、小説、ノンフィクション、評論、漫画等の出版分野はもとより、放送・映画・ウェブを含め、多様で重層的な現代の表現論を再構築することを目標として学生に提供された。さまざまなジャンルの作家・制作者と学生が直接出会う場を大学において創出し、表現をめぐる生産・流通・利用・保存についての具体的な事例を題材に、これを深く探求することがねらいである。

具体的には作家・制作者を招き、実際の創作の着想から作品化までのプロセスについてレクチャーを受け、受講生から作家・制作者に直接質問するなどして、その創作空間を追体験し、概念化する。作家・制作者と受講生のディスカッションを中心とするアクティブ・ラーニング（能動的学修）を通して、今日の情報ネットワーク社会における表現の成り立ちと将来像について考えるスキルを養う、という企画である。

日本ペンクラブからのゲスト10名以外に立命館大学の卒業生である書籍編集者、雑誌編集者、公共図書館長、ルポライター、ライトノベル作家の5名も併せて講師として招聘した。各回のゲストは**表4-1**のとおりである。

(注1) 初出：日本ペンクラブ会報『P.E.N.』444号、2017年、pp16-21。なお、本稿では立命館大学卒業生である5名のゲストについても加筆し、大幅に修正している。

第1節　日本ペンクラブ・立命館大学文学部連携授業の報告

　立命館大学文学部では、2014年11月15日に「第1回日本ペンクラブ・立命館大学文学部共催セミナー：電子出版時代の書店と図書館」を開催した。
　日本ペンクラブ会長（当時）で作家の浅田次郎氏による基調講演の後、出版、書店、図書館の立場の方々をパネリストに迎え、電子出版時代の出版、書店、図書館の役割をテーマにディスカッションを行ったのである。その結果、紙媒体から電子媒体への移行、もしくは共生していく中で、本や雑誌の読まれ方も変容しつつあることは、まさしく知識情報基盤の変化を象徴する文明史的なテーマであることが明らかになった。
　そして翌年の2015年11月14日には「第2回日本ペンクラブ・立命館大学共催セミナー：電子出版時代の言論・表現の自由」を開催し、日本ペンクラブ専務理事（当時）で作家の吉岡忍氏の基調講演の後、日本図書館協会・図書館の自由委員会と日本ペンクラブ・言論表現委員会のメンバーをパネリストに迎え、これまで紙媒体を中心に形成されてきた言論・出版・表現の自由が、今日ではサイバー空間上の新たな問題への対応が迫られている現状をテーマにディ

表4-1　各回の講義担当者と日程

日　程		各 回 の 講 義 担 当 者
第1回	4/ 7（金）	吉岡忍（作家）日本ペンクラブ
第2回	4/14（金）	森絵都（作家）日本ペンクラブ
第3回	4/21（金）	阿武野勝彦（東海テレビ・放送プロデューサー）日本ペンクラブ
第4回	4/28（金）	里中満智子（漫画家）日本ペンクラブ
第5回	5/12（金）	ドリアン助川（作家）日本ペンクラブ
第6回	5/19（金）	安田峰俊（ノンフィクション作家）立命大卒業生
第7回	5/26（金）	岩崎雅典（ドキュメンタリー映像作家）日本ペンクラブ
第8回	6/ 2（金）	中西進（万葉集研究者）日本ペンクラブ
第9回	6/ 9（金）	新津きよみ（作家）日本ペンクラブ
第10回	6/16（金）	山本晋也（映画監督）日本ペンクラブ
第11回	6/17（土）	吉村始（金壽堂出版代表取締役）立命大卒業生
第12回	6/23（金）	山岡祐子（白川書院編集顧問）日本ペンクラブ・立命大卒業生
第13回	6/30（金）	高橋聡（カルチュア・コンビニエンス・クラブ執行役員、海老名市立中央図書館長）立命大卒業生
第14回	7/ 7（金）	浅田次郎（作家）日本ペンクラブ
第15回	7/14（金）	・平松ハルキ（ライトノベル作家・立命大卒業生） ・「作家・制作者と考える現代表現論―小説、ノンフィクション、評論、漫画家、テレビ、映画、ウェブをめぐって」を総括する（授業担当：湯浅俊彦）

〈注〉会場は、いずれも立命館大学衣笠キャンパス・敬学館

91

スカッションを行った。

　この2つのセミナーの運営には立命館大学文学部の学生が主体的に関わり、セミナー終了後の交流会において日本ペンクラブの作家と議論を展開したことから、表現者と学生が実際に出会い、討論する場を設けることの「学修」的意義を確認し、文学部創設90周年記念事業として「人文学特殊講義：作家・制作者と語る現代表現論」を開講することとなったのである。また、日本ペンクラブとしては、定款第4条（事業）に定める事業目的の内、「(1)国際理解、文化交流及び言論、表現、出版の自由の擁護のための活動、ならびに(6)国内外の文学振興に関する活動にあたる」ため、会員からゲストスピーカーとして適任者を選定し、出講日時等の調整を行い開講に協力することになった。

2. 大きな刺激と深い感動を与えた講義

　各回の授業でペンクラブのゲストが学生に与えたのは、これまでに体験したことのない表現者からの大きな刺激と深い感動であった。

　初回の授業であった4月17日、吉岡忍さん（**写真4-1**）は「女子少年院〜愛に飢える素顔の少女たち」（『新潮45+』1984年4月号掲載）を素材として提供し、ここに何が書かれているか、何を感じたか、文章の最後の「真由美」の短歌をどう読み取ったかについて学生に質問し、それに答える形で授業を進めた。そしてこの文章を書いたときの取材方法や企画をどのように立てたのかを説明し、文章の上達法にも言及された。

写真4-1　吉岡忍さんの講義風景

授業後に、教育人間学専攻の4回生は次のようなレポートを書いている。

「ノンフィクション作家は他人の眼で世界を見たい人だ。本日の講義を受講してそう感じた。私たちは、私たちの眼で世界を見ている。そして、『相手の気持ちになって考える（世界を見る）』こともできると思い込んでいる。しかし、他人と私は違う。そう簡単に人の立っている場所に立つことはできない。その人の背景、その人の性格、その人の口調、その人の好きな食べ物…。その人を深く知って、それで初めてその人の"近く"にまで"寄る"ことができる。完全にその人になり変わることはもちろんできない。しかし、その人に寄り添って、その人のいろいろなカケラを吸い込んで、そのカケラを自分でその人そっくりに再現する中で、そこにノンフィクション作品が生まれる。そのように考える。私でない誰かは、世界をどう感じるのか。彼や彼女らの眼に映る風景を知る。実に刺激的な仕事である。」

毎回の授業ではゲストは自らの作品を素材にレクチャーし、教室の学生とディスカッションを行い、学生は最後の10分間にレポートを書き、レポート優秀作を次回授業の冒頭で授業担当者の筆者が講評し、新たなゲストを紹介するという形式で各回の授業が行われた。履修登録者は184名だが、毎回ほぼ10名以上の学生が挙手して、自分の意見を積極的に表明した。また、いわゆる「モグリ学生」が毎回いたこともこの授業の特徴であった。

森絵都さん（**写真 4-2**）は、『みかづき』第1章「瞳の法則」のあらすじを事前資料として学生に提供し、この小説のその後の展開、1961年の塾と学校の

写真4-2　森絵都さんの講義風景

関係が「太陽と月」と表現されているが、2017年の今ではどのように表現できるかについて学生からの発言を求め、学生は積極的にディスカッションに参加した。そして、この小説を書くにあたって、どのような取材や下準備を行ったかを実際にさまざまな資料類を持参し、学生に示されたとき、学生はその圧倒的な資料に驚愕したのであった。

　阿武野勝彦さんは、2011年公開の『平成ジレンマ』以降、東海テレビが制作してきたドキュメンタリー番組の映画化という手法について、実際に映像の一部を教室で上映しながら解説し、学生たちにドキュメンタリーとは何かについて問いかけ、学生はこれに応え、ディスカッションが展開した。体罰シーンのある映像は衝撃的で、ドキュメンタリー映像の制作をめぐってさまざまな議論がゲストとの間で交わされた。

　里中満智子さんは、マンガに魅せられ、中学1年からマンガ雑誌に投稿するようになった経緯を語り、自分の描きたい世界を表現するためにプロット作りの際に画面構成も一緒に作り、キャラクターと物語を考える手法について解説された。また、舞台や映画とは異なり、小説やマンガは受け手が眠ったらそこで物語は止まることや、物語の進行に沿って全登場人物の動きや発言をすべて読むことにより展開していくこと、マンガは小説とは異なり、物語に感情移入しやすいが、読者の想像力というよりは作者が考えた表現の形をとることなど、マンガ表現の特性についてご自身の作品を例示しながら明らかにされた。その後、学生とのディスカッションでは収穫を祝う歌や踊りなど芸能や物

写真4-3　ドリアン助川さんの講義風景

語は、人間が生きていく上では「生命維持」だけではなく、「生きている実感」が必要という大きなテーマで授業を組み立てられた。

　ドリアン助川さん（**写真 4-3**）は、大学時代から今日に至る自らの表現の歩みを語り、ハンセン病をテーマに小説を書くに至った経緯を明らかにされた。そして、その作品『あん』を実際に教室で朗読していただいた。『あん』は、河瀬直美監督によって映画化され、2015 年にカンヌ国際映画祭で上映され、世界 50 カ国以上で上映された様子が教室に映し出され、生きることと表現することについて、学生とディスカッションが行われた。『あん』の主人公の徳江さんがハンセン病の療養所で得たものは、この宇宙空間に宇宙を認識するものがなければ宇宙はなくなってしまう、たった 1 つの命もなければ宇宙は存在をやめるということであるというドリアン助川さんの発言に、学生たちは強烈な反応を示した。

　岩崎雅典さんは、テレビ番組『生きものばんざい』などを制作してきた中で、テレビで得た資金で自分たちが納得できる記録映画を撮り、著作権も自分たちで持つという方針で、カメラマン仲間と群像舎を設立した経緯を語られた。そして、ドキュメンタリー映画『福島 生きものの記録 シリーズ 3 〜拡散〜』の一部を実際に教室で上映し、これを素材にディスカッションが行われたが、学生たちは映像内容に相当衝撃を受け、各回の中で最も言葉が少なかったという印象であった。しかし、授業後のレポートでは福島原発事故のもたらした影響について、真剣に考えた秀逸なものが多く、改めてドキュメンタリー映画の訴

写真4-4　中西進さんの講義風景

求力が示された。

　中西進さん（**写真 4-4**）は、最初に「何のために書くのか」という問いかけを教室の学生に提示された。何でも手段と考えている間はつらくて退屈でどうしようもない。しかし、詩は心の器であり、自然は体のゆりかごであり、言葉は人間の存在証明であると語られた。そして、『文学の胎盤―中西進がさぐる名作小説 42 の原風景』所収の、三島由紀夫の『豊饒の海』を取り上げた「女人、月の寺へ」を素材に、なぜ小説の「舞台」ではなく、「胎盤」なのかということについて解説された。

　そして、虚無こそがすべての、万有の胎盤である『豊饒の海』のモチーフと、この作品のゲラ刷り校正を終えて、自衛隊に突入して自死した三島由紀夫について語られたのであった。三島の『豊饒の海』という作品名は月の中の海、何もない海をそう呼ぶことによったものであり、虚無に見える月の海こそが、豊かな無我の流れに生をつかさどるにふさわしいという逆説であるとする中西進さんに対して、哲学・倫理学専攻の学生は「月は無でなく、空であり、無は nothing、空は empty」という発言を行い、これに対して、中西進さんは「日本文化と無」について解説し、長谷川等伯が描く松とその余白は空間を描いて響きがあり、「無」ではなく「空」を表現していることなど、議論が深まっていった。

　新津きよみさんは、2016 年秋に放映されたフジテレビ「世にも奇妙な物語」の『シンクロニシティ』（黒木メイサ出演）を教室で上映し、『彼女たちの事情』（光文社文庫）所収の新津きよみさんが執筆した原作との違いについて、学生たちとディスカッションを行った。原作にはない場面などを素材に、映像化されたものの視覚的な恐怖と、文学の持つ読者の想像力の広がりについて、さまざまな角度からの意見が続出し、原作者がどの程度、映像化の際に関わっているのかなどにも関心が寄せられた。

　山本晋也さんは、2 本の映画を見ることを課題として提示し、教室ではその一部を実際に見せて、米国における銃規制の問題について学生に問題提起を行った。その映画は『シェーン』（1953 年、米映画、監督：ジョージ・スティーヴンス、主演：アラン・ラッド）と『ボウリング・フォー・コロンバイン』（2002 年、米ドキュメンタリー作品、監督：マイケル・ムーア）である。『シェーン』では、ワイオミングの移住民の子どもがライフルを持つシーンがあるが、弾丸は入っ

ておらず、銃について親がその取扱いを厳しくしつけているが、『ボウリング・フォー・コロンバイン』では銀行に一定額の預金をすればライフルが景品としてもらえるという米国の銃社会の病理を描き出していると山本晋也さんは指摘された。そして、学生たちに銃と社会の関係を描く映画の表現方法を解説しながら、映画の持つ力についてレクチャーされた。

　浅田次郎さん（**写真4-5**）は、冒頭に小説家の生活について学生たちにユーモアを交えながら話され、読み書きが変質している時代に、本質的に読むこと、書くことにどのような意味があるのか、また歴史的にどのように捉えられてきたのかを小説家の立場からレクチャーされた。

　この中で小説は娯楽であり、小説は文章芸術であり、芸術はそもそも娯楽であるという浅田さんの考え方が示された。つまり、「(1) わかりやすく、(2) 面白く、(3) 美しく」という３点があらゆる芸術の要素であるという考え方である。

　近年、パソコンで原稿を書くことによって小説が長くなり、文章がゆるくなったと浅田次郎さんは指摘し、大きな世界をいかに短く言うかが名文の条件であると話された。学生たちとのディスカッションでは、小説作品が映像化される際に、例えば主人公の女優の顔が、意味の強制力として働くことなどが取り上げられた。

　また、浅田次郎さんは、小説を書くときに映像を思い浮かべないようにしていることなど、創作手法を明らかにされた。

写真4-5　浅田次郎さんの講義風景

第 2 節

大学生は作家・制作者から何を学んだのか

1. 学生たちの声

　第一線で活躍する講師陣の講義を受けて、学生たちはどんな感想を持っただろうか。例えば浅田次郎さんの講義に対して、日本史学専攻の 4 回生はレポートに次のように書いている。

　　「今回の講義では文章を書くということ、表現することにおいて『読書』という行為の重要性を再確認できた。『あらゆる教養というのは読書以外からは身につけられない』。確かに旧制高校をはじめとする近代日本のエリート教育機関では、歴史・文学・哲学等の人文学中心の教養主義教育が行われていた。彼らの日常においては『読書』が娯楽であったのかもしれないし、日々の生活の中に教養も受容する枠組みがなされていたのだ。また、浅田さんの良い文章を書くコツを聴いて、私は井上ひさしの文章モットーを思い出した。彼は文章作法の要諦に『むずかしいことをやさしく、やさしいことをふかく、ふかいことをおもしろく』をあげている。両者ともに、平明な表現、内容のある表現、面白い表現を念頭に置いており、表現、つまり人が何かを伝える際にはある種の普遍性が宿ることを示している。文章表現力とは『人間力』と言い換えることもできるかもしれない。読書という行為が時代遅れになったとしても、『知』を我々に授け、迷いから救ってくれるのは『本』なのだと思う」

　授業の際に毎回課したレポートとは別に、最終回では全 15 回の授業に関する受講生アンケート調査を実施した。そのいくつかを紹介する。

- 「ここまで参加度が高い授業は見たこともない。私は日本に留学生として来て、日本の学生はふだん何も考えていないと思っていた。しかし、この授業を通じて認識が変わった。すべての授業がこのような雰囲気だったら、本気で学校が楽しめる」
- 「吉岡忍さんの講義を聞いてから、勧められた文章集めを続けている。これを通して表現の面白さをより一層感じるようになり、日本語へのアンテナがとても敏感になった。それが文学部生としての学びへの良い刺激となっている」
- 「まさか中学時代に読んでいた本の作者の森絵都さんにお会いして、さらに議論ができるような貴重な体験ができるとは思わず、大変勉強になりました」
- 「阿武野勝彦さんの講義でドキュメンタリーの本質を知った。都合のいいだけのドキュメンタリーでは誰も納得する感動には至らないのだと思い知らされた」
- 「里中満智子さんの講義で質問させていただき、ゲストの方と一対一の空間を共有でき、自分の『表現』観が変わりました」
- 「ドリアン助川さんの講義は、表現に留まらず、その根源になる考え方にフォーカスして話して下さったから、表現するためには思考が必要だと改めて感じた」
- 「岩崎雅典さんの講義では、現実をダイレクトに受け取ることができ、とても衝撃を受けました」
- 「中西進さんの言葉は1つひとつが美しいと感じた。文学で人が救えるか、という問いには簡単に答えることができないと考えさせられたが、中西進さんの言葉を聞き、考える中で、私なりにその答えを探し続ける意志を芽生えさせられた」
- 「新津きよみさんのサスペンス・ホラー作品に非常に魅力を感じた。印象的だったので、『彼女たちの事情』を買った」
- 「僕は自分の専攻が西洋史であるので、山本晋也さんが映画作品やドキュメンタリー作品を取り上げ、アメリカが抱える『銃社会』について考察されたことは、ユニークな視点であるし、興味深いと感じました」
- 「浅田次郎さんの講義は、まるで1つの物語を聞いているかのような起承転結がしっかりしたお話しで感動しました」

これらの学生たちのアンケートを読むと、この授業の熱量が伝わってくる気がする。毎週、素晴らしいゲストを迎え、学生たちとのディスカッションをコーディネートさせていただいた授業担当者としては、この授業から次世代の表現者が生まれ、多様で豊かな作品群が生み出されることを願ってやまない。実際、最終回の授業では昨年「電撃文庫」から刊行された『穿天のセフィロト・シティ』によってライトノベル作家としてデビューし、2017年の3月に卒業した筆者のゼミ生が、この授業のゲストとして登壇している。
　また、直接的に作品を制作するのではなくても、自由な表現活動を支持し、表現の本質を深く探求することができる人になっていくことを大いに期待するものである。
　今後とも日本ペンクラブが大学との連携を積極的に展開していくことが、表現の次世代への継承を目指すためにはとても重要であると思う。
　最後に、今回の授業で立命館大学卒業生として登壇願った5名のゲストの授業について紹介する。
　安田峰俊さんは、中国で生起しているさまざまな問題や人々を主題とする『中国人の本音』（2010年、講談社 刊）、『野心　郭台銘伝』（2016年、プレジデント社 刊）など数多くの著作を刊行してきた新進気鋭のノンフィクション作家である。安田さんは「ここではないどこかに行くこと、人生を切り取るということ」というテーマで、これまでの中国を中心とした取材活動と著作執筆についての詳細をレクチャーされた。
　立命館大学での卒論テーマは「械闘」（中国南部の農村の村と村の戦争）であり、大学院在学中にはマレーシアやインドに旅行していたという。史学アカデミズム、ノンフィクションやジャーナリズム、歴史小説やマンガがどのような史料・資料にもとづき、どのような方法論で執筆されているのかについて説明が行われた。そして実際の仕事のフローは、出版編集者に企画を提案、宿やチケット手配して、SNSを含むネットや図書館で情報を収集し、現地協力者を探し、現地に入ってとにかくうろつき、キーパーソンを探し、取材した内容を執筆、記事掲載、経費精算、協力者にお礼連絡といったものであるという。
　日本文学研究学域の1回生は「安田さんは『正義を背負っていない』と自身の仕事に関して述べた。代わりに出てきたのは『面白い』という言葉である。『正義』という言葉はなくとも純粋な思いがあるだけで、表現物ができ上がることは

安田さんを見れば明らかである。むしろ特定の思想を持たないからこそ、知的誠実さに貫かれた、アカデミズムに近い作品が書けるのだろう」と書いている。

吉村始さんは、金壽堂出版代表取締役として奈良県葛城市で出版社を経営している。授業では「零細・地方出版人が表現し伝えたいこと」というテーマで大学時代に図書館司書資格を取得し、滋賀県の公共図書館に就職したものの、書籍編集者への夢を断ちがたく、出版社に転職し、31歳で金壽堂出版を創業した経緯を物語った。そこで、漢字など文字使用の制約や、事実と仮説が混在する中での表現の制約、あるいは受け取る側の考えを忖度しての表現など、表現の「限界」を発見し、制約があるがゆえにできる表現の可能性について実際に出版活動を行う中で多くの具体的事例を紹介した。

これに対して、言語コミュニケーション専攻の3回生は「表現の自由と制約が、今回のテーマだったと考える。自分の好きな言葉で伝えたいものを表現しても、規制のフィルターにひっかかってしまうことを、出版の仕事をされているからこそ敏感に感じているのだと思った。今まで自分の言葉がどこにどう影響するかを意識しないままに過ごしていたので、今日のお話や、教室で発言した学生も含めて、それぞれに自分の表現したいものを持っていることを知り、尊敬の念を抱いた」と書いている。著作者だけでなく、編集者や出版経営者もまた表現について深く考えていることが浮き彫りになる授業であった。

山岡祐子さんは、『月刊京都』編集長であり、白川書院　取締役社長である。実は日本ペンクラブ所属でもあるのだが、今回は立命館大学卒業生ということでご登壇をお願いした。ちょうどゲストに来ていただいたときには、後進に道を譲り、白川書院編集顧問になられた直後であった。山岡さんは、「言論表現の自由と観光メディア―雑誌の役割」というテーマで後輩たちに話された。『月刊京都』の特集タイトルをめぐる問題や、みこしの写真の著作権をめぐる係争など、雑誌編集に関わるさまざまな事例を紹介し、井上章一著『京都ぎらい』（朝日新書／2015年、朝日新聞出版 刊）が指摘する京都の寺の建物や庭などには肖像権や意匠権はないにも関わらず、東京の出版社が写真の掲載料として寺へ志納金を出す風習を作り上げてしまったことを取り上げ、ディスカッションを行った。

言語コミュニケーション専攻の3回生はレポートに「出版社を志す私にとっては、生の声を聞くことができた良い機会であった。30年近くの長きに

わたり、祇園祭を特集していくことは決して容易なことではないはずだ。しかし、それをやってのける編集部の発想力、知識力など力を思い知らされた」と書いている。

高橋聡さんは、蔦屋書店を展開するカルチュア・コンビニエンス・クラブ（略称：CCC）の公共サービス企画カンパニー長として、指定管理者制度によって神奈川県海老名市立図書館長の仕事をしている。学生時代は4年間のうち2年間は中国など海外でフィールドワークを行い、また年間300本は観る映画オタクだったという。2011年には「カンブリア宮殿」（テレビ東京）で代官山蔦屋書店が紹介され、これを見た佐賀県武雄市の市長が代官山蔦屋書店のような公共図書館を創出することになった。

そこから、CCCとして初めての公共図書館作りが始まり、高橋さんがその責任者になったと、学生たちにまずその経緯を解説された。人口6万人の町に100万人の人が来館するという地域活性化の牽引力に公共図書館が重要な位置を占めることになったその取り組みをテーマに、教室では熱いディスカッションが行われた。「時代感」、「コミットメントの強さ」、「提供価値の構築」という3つの階層に分け、提供者ではなく利用者の視点を重視する高橋さんの方法論が示され、きわめて見やすいパワーポイントのプレゼン資料が展開され、学生たちから大好評であった。

考古学・文化遺産専攻の4回生は「本日の講義は図書館の運営に関するもので、でき上がった出版物を公開、販売する立場から今日の表現について考えると

写真4-6　平松ハルキ氏と筆者の対談

いうものであった。私はこの講義を聞いて、施設の運営という行為もある意味では表現行為なのではないかと思った。本日の高橋さんの話を聞く中で、多様化する現代において図書館が果たす役割を新たに考え、自己実現やコミュニティ形成の場として図書館を変えていくという高橋さんの事業が、既存の考え方や社会の欲求に対して答えを出していく表現者のように映った」と書いている。

平松ハルキさん(**写真 4-6**)は、小学生からテレビゲームに取りつかれ、立命館大学 4 回生であった 2016 年 7 月に「電撃文庫」から『穿天のセフィロト・シティ』(KADOKAWA/ アスキー・メディアワークス 刊)という作品でデビューした新進気鋭のライトノベル作家である。この本のカバーにある内容紹介には次のように書かれている。

「72 時間の"デッドタイム"—これが地表遥か上空に生きる"樹層都市"の人間に定められた命の残量だ。全人類に等しく課せられた絶命へのカウントダウンを断ち、72 時間までリセットする唯一の方法—それは"生命樹"から生まれる"罪獣"を倒し、その骸になる"禁断の果実"を口にすること。ただそれだけだった。デッドタイムの急激な消費と引き換えに、特殊スキルを発動させるデバイス"罪匣"を操り、禁断の果実を収穫する者たち"罪獣狩り"の如月キサキは、妹のユイハ、相棒のロウナと共に罪獣の領域へ踏み入る。そこで彼らが出会ったのは、命の残量が無限の少女で—。それは人類の悲願"72 時間の呪いからの解放"を目指す、恐るべき陰謀の幕開けだった」

平松ハルキさんは、この「人文学特殊講義」が行われた 2017 年の 3 月までは湯浅ゼミの受講生であったことから、最終回である第 15 回の授業に来ていただき、授業担当者の筆者との対談の形式でその創作方法やライトノベル作家に至った経緯について話をしてもらった。

その前週の第 14 回が浅田次郎さんの講義であったことから、それを受けて考古学・文化遺産専攻の 4 回生は次のように書いている。

「前回の浅田次郎さんの講義で、小説家というのは非常に線引きがあいまいなものであると言われた。本を出して売れたら小説家なのか、賞をとったら小説家なのか、名乗っただけで小説家なのか。平松さんは賞はとれなかったが、自分の作品を世に出し、今や一人の作家として、自分だけが描くことのできる世界に向かって歩み出していた。私はこの講義を通じて、

表現とは果てのない大海であり、作家とは航路を探す船ではないかと考えた。表現は決して平坦ではなく、時として何かを傷つけたり、誰かを救うこともある。その様子はまるでさまざまな姿を見せる大海のようである。そして、作家はそのとらえどころのない海にオールを入れ、自分だけの航路を目指して進んでいく存在だといえる。自分だけの作品を作り、多くの人がそれを見て、さまざまな表現を知っていくのだ」

　この授業の報告の最後に、ご協力いただいたゲスト講師の方々には改めて、ここに心から感謝申し上げる次第である。お忙しい中、学生のために熱い授業を行っていただき、本当にありがとうございました。そして、ゲスト講師に対して積極的に発言し、授業終了後にレポートを書いてくれた学生の一人ひとりに、授業担当者として心からお礼申し上げたい。

2. 全15回の授業を終えての学生アンケートの結果

- 現在も活躍する作家陣の舞台裏や表現方法について学ぶことができ、大変有意義な講義だった。是非ともこのような機会を増やして欲しい。
- この講義は今後も続けていくべきだと思います。後輩のためにも存続お願いします。
- 今迄で一番楽しく、そして意味のある授業であったと思う。受講することができ本当にうれしい。
- 「表現」を学ぶ授業なのに、たまに「表現」について全く触れない回があり残念でした。しかし、作家さんの話はもちろん、図書館長のお話など興味深く、またいろいろ考えさせられました。
- 小説家の話をもっと聞きたかったです。
- 「表現」に携わる人々のさまざまな"顔"を見るとても良い機会であったと思います。
- 普通の授業では聞くことができないような話が聞けてよかったと思う。
- 作者側からアプローチすることの面白さを知った。
- 「表現」という大枠の中で各作家が個人的にテーマを設けており、それぞれの特色が出たと思う。また、分野もさまざまで話が被ることなく広く学べたと感じる（勉強という意味ではなく教養）。是非今後通年でやって欲しい。

- 全15回の中ではなく、今15回を終えての話だが、ここまで発信者の方々の発信・表現にまつわる話を伺ったにも関わらず、最後の授業の所感を述べる機会で発信できない自分はまだまだ未熟だと思った。
- 「作家制作者と語る現代表現論」ということで、さまざまな媒体やジャンルを横断して表現について考える機会を持てたことは大変良かったと思う。また、直接制作者の方々から話を聞いたことで、作品に込められた想いや「表現」とはどんなものか、どうあるべきか聞いて勉強になった。
- "表現"というテーマに全く触れていない人がいたように思え、そこだけが残念です。しかし普通に暮らしていたら絶対お会いすることのできない偉大な先生方のお話を聞くことができ、とても良い機会でした。ありがとうございました。
- 勉強では学べないことがたくさん学べとても楽しかった。多角的にいろいろ学べる授業はとてもいいと思う。
- 非常に面白いし、アクティブな学びの時間でした。
- いろいろな年代の方の極端な考えや自分とは全く異なる考えを知ることができ面白かった。
- この15回でさまざまな表現の仕方があることを学びました。毎回すごい方がゲストスピーカーとしていらっしゃったのは驚きとともに、貴重なお話を聞けるということでワクワクしていました。ありがとうございました。
- どの授業にも学ぶものがあり、楽しく聞かせていただいた。後輩のためにも来年も同じような講義があればいいなと思った。
- 文章を書くことは難しいけれども面白いなと思いました。今まで読む側でしたが、自分も何か書いてみたくなりました。
- 「表現する」というのは誰でもできることだが、それに対して真剣に向き合えば向き合うほど、深い沼の様なものに沈んでいく気がした。しかしそこからはい上がるためには、「誰かが表現したもの」が必要になると感じた。
- やはりプロの話は毎回毎回重みがあって毎週楽しかったです。どの方も信念を持って自分の仕事に取り組んでいるんだなと実感しました。
- 作者・制作者と語るのは自分の興味にドンピシャで楽しく経験になった。ただ、毎回レポートの時間が短い上、終わるのが遅かったので、次の授業に遅れないか心配になった。

- ふだん、お話が聴けないような方からもお話を聴くことができ、さまざまな視点を養うことができた。
- 身に染みて感じるお話もあれば、一流の制作者の方といえども真っ向から反論したい時もありました。1つのテーマについて90分間懸命に考え、文章にする良い練習になりました。来年も受けたいです。
- ゲストにそれぞれ強い軸があって、それに沿って表現したり生きてたりする姿がとても印象的だった。毎回この授業が楽しみでした。
- 一人ひとりの講師の話がとても面白く、私自身の教養が増え、有意義な時間を過ごすことができました。ありがとうございました。
- さまざまな方のお話を聴きながら表現について考えるという貴重な機会はもうこの先はないだろうと思いました。来年から社会人になる私としては、今回の授業で学んだことは職業柄としても仕事に活かすことができるのではないかと思いました。半年間ありがとうございました。
- 有名な作家の方や出版に携わる方々のお話を聞く機会はとても貴重でした。また出版社で働くことに憧れていた私にとって、本当に楽しい時間でした。
- 作家さんはやっぱり解釈力があるなと思いました。ぱっと生徒に質問されて、ぱっと答えられたのですごいなと思いました。
- 毎回さまざまなゲストの話を聞くことができ、刺激的だった。
- 表現の形が多様であること、その困難さ。
- さまざまな表現者に出会い、自分の世界が広がったように感じられた。
- 補講がかぶっていて参加できない回があり、凄く悔しかったです。今度ゲストスピーカーの先生を呼ぶときは、ぜひ補講日とかぶらないようにしていただきたいです。
- 面白い話がたくさん聞けた楽しい授業でした。
- 私は小説を書くことを余暇時間にするが、授業の中で表現のコツや大切なことをたくさん学ばせていただいた。それだけでなく、表現者の思いも知ることができたのは良かった。
- 一番面白い授業だった。
- またやってください!!

◇あとがき

　ICT を活用した出版と図書館の未来を探究する立命館大学文学部における湯浅ゼミ、そしてアクティブラーニングを実践する文学部の授業を紹介する本書の刊行は多くの方々のご協力によって実現したものです。
　ゼミ調査旅行で訪問した、青山学院大学の野末俊比古さんと野末ゼミの学生のみなさん。
　河出書房新社の金綱美紀夫さん、東條律子さん、片山郁さん、加藤重男さん。
　メディアドゥの川手満喜男さん、竹本正史さん。
　国立国会図書館東京本館の中川紗央里さん、山口聡さん、小柏良輔さん。
　また、湯浅ゼミの電子書籍による授業をシステム面で支えてくれた京セラコミュニケーションシステムの津田康弘さんほかスタッフのみなさん。
　「教育基盤整備費」による本書の刊行助成など、深い理解を示して下さった立命館大学文学部長の上野隆三さんほか文学部執行部のみなさん。
　日本ペンクラブ・立命館大学文学部連携授業「人文学特殊講義：作家・制作者と語る現代表現論」の実現にご尽力いただいた日本ペンクラブ会長の吉岡忍さん、事務局次長の井出勉さん、文学部・前学部長の藤巻正己さん。15 回の授業を積極的にサポートしていただいた文学部事務長の玉井弘美さん、井上智香子さんほか事務職員のみなさん。授業運営に協力していただいた文学研究科文化情報学専修院生の郭昊さん、野木ももこさん、向井惇子さん、陸詩琪さん。
　本書の刊行にご尽力いただいた出版メディアパルの下村昭夫さん、カバーデザインの荒瀬光治さん、須田博行さん、DTP 組版並びに校正協力の蝉工房・渋谷則夫さんと冨澤容子さん、印刷製本の平河工業社のみなさん。
　そして最後に、ゼミ発表、フィールドワーク、論文執筆と精力的に取り組んできた 11 名の 3 回生ゼミ生たち、青木絢太郎、糸魚川愛佳、宇城知佳子、岡田俊吾、押賀晴乃、川崎凌也、川原崎太貴、高八亜美、中野菜々美、藤原聖、余田葵のみなさん。
　そのほか、お世話になった多くの方々にこの場を借りて、心からお礼申し上げます。

2018 年 2 月

著者　湯浅俊彦

索 引

〈ア〉
青山学院大学 80
あかし市民図書館 11, 27
アクセシビリティ ... 10, 22, 34
アクティブラーニング ... 3, 58, 90
浅田次郎 91
池下花恵 23
植村要 9
江戸川区篠崎図書館 44, 72
大阪市立中央図書館 18, 40

〈カ〉
貸出型図書館 46
課題解決型図書館 46
学校図書館 58
河出書房新社 82
関西教育ICT展 31
京都聖母学院小学校 ... 32, 72
京都府立図書館 18, 29, 40
形態素解析 76
高齢者向けサービス 54
国立国会図書館 86

〈サ〉
札幌市中央図書館 32
三田市立図書館 10, 22, 29
視覚障がい者向け利用支援サイト
    .... 10, 30
自費出版 74
ジャパンサーチ(仮称) 86
出版デジタル機構 84
障害者サービス ... 8, 22, 30, 34
人口減少時代 26
人工知能 76
人工無能 32
スマートフォン 50
清教学園中学校・高等学校 ... 32
瀬戸内市民図書館 44

〈タ〉
滞在型図書館 46, 66
大日本印刷 10, 22, 34

武雄市図書館 46
多文化サービス 13, 22, 28
知識集約型図書館 26
ディスカバリー・サービス
    .... 17, 24, 30, 38
デジタルアーカイブ 62
デジタル伊能図 82
デジタル絵本 30
デジタル教材 60
デジタルサイネージ 42
デジタル・ヒューマニティーズ ... 8
電子絵本 23
電子教科書 60
電子雑誌 54
電子自費出版 76
電子出版活用型図書館プロジェクト
    .... 8, 14, 20
電子図書館サミット 19
読書ツール 50
図書館総合展 20
図書館流通センター ... 10, 17, 22, 39
ドローン 72

〈ナ〉
長尾真 25
日本体育大学柏高等学校 ... 27, 80
日本図書館協会 36
日本文学全集 82
日本ペンクラブ 3, 90
日本ユニシス 10, 22
野末俊比古 80

〈ハ〉
浜松市 14, 31
浜松市立中央図書館 ... 14, 29
フィリピノナガイサ 15
文化情報学 21
ボイジャー 10

〈マ〉
松原洋子 9
宮脇淳 21

武庫川女子大学 27
メディアドゥ 13, 28, 31
メディアドゥホールディングス ... 84
茂木健一郎 21, 32
盛田宏久 9

〈ヤ〉
矢口勝彦 9
ヤングアダルト(YA)サービス ... 54
雪丸 32, 72
吉岡忍 91, 92

〈ラ〉
楽天 13, 28, 31
利用案内 42
利用者サービス 66
ロボット 42, 72

〈英文字〉
Ariadne 25
EBSCO 17, 39
Googleブックス 25
HRAF 25
LibrariE 27
MALUI連携 21
OPAC 24, 40
OverDrive 84
Pepper 42, 72
PressReader 23
Rakuten OverDrive ... 13, 28
SNS 50
TRC-ADEAC 11
TRC-DL 10
TSUTAYA図書館 46
YA(ヤングアダルト)サービス
    54

◎ 編著者略歴

湯浅 俊彦（ゆあさ としひこ）

1955 年 大阪府生まれ。立命館大学文学部／文学研究科教授。大阪市立大学大学院・創造都市研究科・都市情報環境研究領域・博士（後期）課程修了。博士（創造都市）。日本出版学会・副会長。日本ペンクラブ言論表現委員会・副委員長。日本図書館協会・出版流通委員。図書館振興財団「図書館を使った調べる学習コンクール」審査委員。神戸市立図書館協議会委員。

◎ 主な著書

『デジタル時代の出版メディア』2000 ／『日本の出版流通における書誌情報・物流情報のデジタル化とその歴史的意義』2007（以上、ポット出版）

『文化情報学ガイドブック ―情報メディア技術から「人」を探る』共編著 2014 ／『デジタル・アーカイブとは何か ―理論と実践』共著 2015（以上、勉誠出版）

『電子出版学入門 ―出版コンテンツのデジタル化と紙の本のゆくえ』2009・改訂 2 版 2010 年・改訂 3 版 2013 ／『デジタル環境下における出版ビジネスと図書館 ―ドキュメント「立命館大学文学部 湯浅ゼミ」』編著 2014 ／『電子出版と電子図書館の最前線を創り出す ―立命館大学文学部湯浅ゼミの挑戦』編著 2015 ／『デジタルが変える出版と図書館 ―立命館大学文学部湯浅ゼミの 1 年』編著 2016 ／『大学生が考えたこれからの出版と図書館 ―立命館大学文学部湯浅ゼミの軌跡』編著 2017（以上、出版メディアパル）

ICT を活用した出版と図書館の未来 ―立命館大学文学部のアクティブラーニング	
© 2018　湯浅俊彦	
2018 年 4 月 10 日　　第 1 版　　第 1 刷発行	
著者：湯浅 俊彦	
発行所：出版メディアパル	住所：〒 272-0812　市川市若宮 1-1-1
Tel&Fax：047-334-7094	
e-mail：shimo@murapal.com	URL：http://www.murapal.com/

カバーデザイン：あむ／荒瀬光治　カバーイラスト：須田博行
DTP 編集：出版メディアパル　組版・校正：蝉工房　CTP 印刷・製本：平河工業社

ISBN　978-4-902251-66-1　　Printed In Japan

2013年度の立命館大学文学部湯浅ゼミのドキュメント

デジタル環境下における出版ビジネスと図書館

湯浅 俊彦　編著
A5判・256ページ
定価：本体価格2400円+税
ISBN　978-4-902251-78-4

◇主な目次◇

第1章　大学教育における電子学術書の可能性
第2章　電子学術書共同利用実証実験の取組み
第3章　電子学術書の流通と利用
第4章　ゼミ生がとらえた電子出版ビジネスと図書館
第5章　座談会 大学教育における電子出版と電子図書館
第6章　電子出版ビジネスと電子図書館の最前線を訪ねて

2014年度の立命館大学文学部湯浅ゼミの挑戦

電子出版と電子図書館の最前線を創り出す

湯浅 俊彦　編著
A5判・272ページ
定価：本体価格2400円+税
ISBN　978-4-902251-79-1

◇主な目次◇

第1章　電子出版・電子図書館は知識情報基盤を変える
第2章　電子学術書を活用した大学教育の最前線
第3章　ゼミ生が探求する電子出版と電子図書館
第4章　電子出版・電子図書館のフィールドワーク

2015年度の立命館大学文学部湯浅ゼミの1年

デジタルが変える出版と図書館

湯浅 俊彦　編著
A5判・248ページ
定価：本体価格2400円+税
ISBN　978-4-902251-80-7

◇主な目次◇
第1章　電子出版・電子図書館に関する課題解決型授業の試み
第2章　公共図書館における電子書籍サービスの新展開
第3章　ゼミ生が考える電子出版・電子図書館の最前線
第4章　電子出版・電子図書館のフィールドワーク

2016年度の立命館大学文学部湯浅ゼミの軌跡

大学生が考えたこれからの出版と図書館

湯浅 俊彦　編著
A5判・224ページ
定価：本体価格2200円+税
ISBN　978-4-902251-64-7

◇主な目次◇
第1章　「電子図書館元年」と電子出版の課題
第2章　電子出版・電子図書館への課題解決型アプローチ
第3章　フィールドワーク
　　　　―電子出版・電子図書館を探求する―

● 本の未来を考える＝出版メディアパル No.25
本づくりこれだけは〈改訂4版〉——失敗しないための編集術
下村昭夫 著　　　　　　　　定価（本体価格 1,200 円＋税）　A5 判　104 頁

● 本の未来を考える＝出版メディアパル No.32
校正のレッスン〈改訂3版〉——活字との対話のために
大西寿男 著　　　　　　　　定価（本体価格 1,600 円＋税）　A5 判　160 頁

● 本の未来を考える＝出版メディアパル No.29
編集デザイン入門〈改訂2版〉——編集者・デザイナーのための視覚表現法
荒瀬光治 著　　　　　　　　定価（本体価格 2,000 円＋税）　A5 判　144 頁

● 本の未来を考える＝出版メディアパル No.23
電子出版学入門〈改訂3版〉
湯浅俊彦 著　　　　　　　　定価（本体価格 1,500 円＋税）　A5 判　144 頁

● 本の未来を考える＝出版メディアパル No.30
出版営業ハンドブック 実践編〈改訂3版〉
岡部一郎 著　　　　　　　　定価（本体価格 1,500 円＋税）　A5 判　160 頁

● 本の未来を考える＝出版メディアパル No.26
昭和の出版が歩んだ道——激動の昭和へ Time TRaVEL
能勢　仁・八木壮一 共著　　定価（本体価格 1,800 円＋税）　A5 判　184 頁

● 出版学実務書
出版産業の変遷と書籍出版流通〈増補版〉
蔡星慧 著　　　　　　　　　定価（本体価格 2,400 円＋税）　A5 判　232 頁

● 出版学実務書
世界の本屋さん見て歩き——海外 35 ヵ国 202 書店の横顔
能勢　仁 著　　　　　　　　定価（本体価格 2,400 円＋税）　A5 判　272 頁

 出版メディアパル　　　担当者　下村 昭夫
〒272-0812　千葉県市川市若宮 1-1-1　　電話＆FAX：047-334-7094